Praise for
Speak Italian Magically!

"I begin from the book cover. It really grabs you as a book is, winning, merry and also it has a flair graphic.You can really learn Italian magically and the secret is with the advice of the author when he says:

'Please remember to avoid listening to the audio-files while driving as they lead you in a state of relaxed alertness that speeds up the learning process'.

At the beginning of every lesson infact the key word is 'relax' and there is a ritual for which one prepares himself to learn positively, without haste, without stress but naturally. Every lesson is a real situation. In my opinion we can use this method, which is the result of a thorough study by the author, with other languages too. Perhaps I will use it with my pupils. Congratulation Antonio, you made your best to implement your plans and carry them through out, good luck. Stay always like you are now.I loved it."

- Anna Romano, language teacher in Italy

"For anyone not familiar with Antonio Libertino, you are in for a real treat! His enthusiasm for teaching his beautiful language is contagious and his sincere encouragement will help even those "struggling adult learners" to succeed. This is an excellent resource providing almost effortless language absorption, basic grammar usage and cultural information in one entertaining and informative package. "Speak Italian Magically" focuses on practical vocabulary - which you can begin to use immediately - and brings the Italian language to life. Not only are the lessons filled with authentic language examples and numerous imaginative exercises, but Antonio has made the learning process both enjoyable and relaxing! His presentation truly helps you to engage all your senses, which allows you to internalize the material in a more natural way. I actually look forward to the time I spend learning Italian! And for those who want additional practice with reading comprehension and listening exercises, I would suggest his other book, "The Secrets of the Italian Language - I segreti della lingua Italiana (English and Italian Edition)". The dual language format, Italian/English parallel text, along with the accompanying audio book makes learning the language and proper pronunciation fun and exciting. You will be amazed how much Italian you can retain using his methods. For me personally, learning to THINK in Italian is one of my greatest challenges (I don't want to translate back and forth). Both of Antonio's books have helped greatly in this area. Bravissimo, Antonio! Grazie mille from all of us who are trying to learn Italian."

- R. Kushi, Italian learner

Love method of relaxed alertness.

Through the use of both a book and audio files, Speak Italian Magically by Antonio Libertino offers an innovative way to learn Italian -- during a "state of relaxed alertness."

If you've ever listened to meditation or yoga music -- or type away on OMMwriter as I do -- the basic theory behind the audio files will sound familiar to you. Essentially, by putting your brain in a relaxed state, it becomes more open to accepting the new words you are about to absorb.

The listener is instructed to get comfortable and imagine a time when you have learned something important to you -- note that these are *not* lessons that you should listen to in your car on the way to work.

The lesson continues with the speaker alternating between Italian and English, side by side, and as the lessons progress, you will hear more and more Italian. I love this concept since we all know, especially those of us who have lived through it, how well the "sink or swim" or more properly called "full immersion" method of language learning works.

You can also follow all of the audio files with the book, which would be extra helpful for someone like me who is a visual learner -- I need to see words to remember them, and not just in my mind. I especially love the intermingling of Italian phrases right next to their English counterparts throughout; it does seems that this would help your brain equate the two, especially with the repetition that is built into the lessons and also which you can do on your own.

As someone who already understands and speaks Italian daily, I can't definitively say whether Speak Italian Magically is an effective way to learn the language. That said, I will say with absolute certainty that I would love to see Antonio also release intermediate and advanced level books and audio files; I truly believe this methodology is something that would work for me to absorb more advanced grammar rules and vocabulary, so I hope future volumes are in the works.

- Michelle Fabio, bleedingespresso.com

Parla l'italiano magicamente!

Speak Italian Magically!

Relax! You can learn Italian now!

!

Antonio Libertino

First Published 2010. Revised 2013

Libertino, Antonio, 1976-
Speak Italian Magically! Relax! You can learn Italian now!

ISBN-13: 978-1456323622
ISBN-10: 1456323628

1. Learn Italian (Foreign languages instruction)
2. Accelerated learning methods   3. Relax

Published in the United States of America.

!

This book is dedicated to my wife and my family who let me follow my passions.

Questo libro è dedicato a mia moglie e alla mia famiglia che mi hanno permesso di seguire le mie passioni.

!

Stop! Read this first!

To use this course you need the related audio files. To download them for *FREE* (almost three hours of guided phantasies!) go to www.speakitalianmagically.com/7612661142 (copy and paste the above address in your browser) and insert the password which is on top of page 92. You can download them for free right after registering at the website provided.

DO NOT listen to the audio files while driving or doing anything that requires your full attention as they lead you in a state of relaxed alertness that speeds up the learning process.

If you are a woman, please note that when you find the last letter of a word underlined, such as in **rilassato**, it means that you should read it and listen to it as if it was written **rilassata**.

Contents

!

THANK YOU
for deciding to
Speak Italian Magically!

What if you could learn Italian and have fun at the same time?

While reading the above question you might have imagined yourself laughing and smiling. If so, you are ready to get on board of this special course created with **YOU** in mind. You may have bought this course because you really want to learn Italian, or maybe because you just want to experiment with this new approach, or just because you want to *Speak Italian Magically*.

Whatever the reason, keep in mind that **YOU** will be the main character of this course and **YOU** will see how.

Let's talk a bit about how normally people try to learn a language. Some might have had previous experiences in language learning. Maybe they tried with grammar based approaches, and what happened? They had to think to every single word before speaking. In other words they couldn't speak the foreign language. Others might have tried to learn long lists of vocabulary. They were trying to do something like that:

house, **casa**, house, **casa**, house, **casa**, house, **casa**, house, **casa**, house, **casa**, house, **casa**, house, **casa**, house, **casa**.

Forget about this method! You can learn Italian and have fun!

Other people paid a lot of money to go to an Italian school in Italy and take an intensive Italian course. Six hours a day for a month. But you know what? In the end they couldn't speak! Why? Maybe because they didn't give pauses to their right brain to process all the information. Or maybe because they just learned a lot of grammar.

Neuroscientists have discovered that we need to give pauses to the brain in order to offer time to the unconscious mind to cope with the information. They also agree on the fact that the unconscious mind is the one in charge for automatic responses. Let's do an example. Do you remember the first time you drove a car? Was it frustrating? You had to think about all the movements you had to make... And now? Can you talk to someone while driving? Do you think at all about the fact that you are driving?

You will **speak Italian automatically** too, by studying just twenty minutes a day. You might be saying: "Come on, Antonio...It seems too easy to be true!"

Recently I came across to Mary Loverde's website and I read an article with fervid interest. Mrs. Loverde writes about a woman who hated to exercise. She asked her if she could simply get dressed to exercise three times a week. Let me put this clear, she didn't ask her to exercise, but only to get dressed as if she was going to exercise. Even though the woman was not willingful to do so - as she thought it was not worth it - in the end she promised to do it. Next week Mrs. Loverde asked her if she did it, and was asking to just add one minute of walking... She was interrupted: the woman told her that she actually walked 30 minutes per day for three days and she actually enjoyed it! This is the power of micro-actions!

Do you know that if you just spend 10 minutes a day with Italian, in a month you will have spent in average 5 hours learning Italian? And if you do so for a whole year you will have spent at least 60 hours learning Italian.

Now, I am just going to ask you to write down with a pen on a piece of paper this sentence:

Io parlo l'italiano molto bene [*I speak Italian very well*]

Just copy it and put it on a place where you can see it every day.

Stop reading! Do it now! Go on reading only **after writing the above sentence!** You took that micro-action that will help you *start and learn Italian now.*

Speak Italian Magically is based on the accelerated and whole brain learning methods developed by Dr. Georgi Lozanov. It also keeps in mind the research of Steven Krashen and James Asher. If you want to know more about them, read "The science behind *Speak Italian magically*" (See page 117).

Speak Italian magically will help you tap into the vast potential of your other-than-conscious mind by using the power of vivid visualization. You are re-awakening the genius inside you, the same that learned your native language... long before you ever went to school. Be curious about the language, the same way you were as a child! Play with the language instead of studying it. Your other- than-conscious-mind reacts better to play than study.

!

How to use this course

You will be guided into an adventure in each episode. There are ten episodes. Each episode is accompanied by relaxing music.

After taking the micro-action I asked you to on the other page, decide to start and use the course every day for at least ten minutes a day. After that, take some minutes to think why you want to **speak Italian very well** and **write down** the reasons why you want to be able to do it. Put these notes in a place you can see as often as you can. Do it now!

Steps for each episode

1. Find a comfortable place in a relaxing environment, such as an easy chair or on a bed. Imagine you are a child again and you are about to have fun while discovering your new language - Italian. Listen to the adventure while enjoying the experience and let your mind wander with the images and feelings from the recordings (See page VI).

2. Listen to the adventure again as you read the script from the playbook. Get involved! Highlight each new word, underline and circle the book with colored pens and markers. Draw your on drawings inspired by the script! It's fun! This playbook is yours to draw in: do it and enjoy! All this helps activate your right brain.

3. After that you will feel comfortable to listen to the Italian only version of the adventure and feel proud as you understand everything.

4. Playfully answer the questions presented at the end of each script.

5. Speak in chorus with the Italian only version of the adventure. Get synchronized with the Italian voice and speak with it. This is a little challenge, but it is fun and really helps your brain understand that you really want to speak Italian!

6. Look at the mind map and imagine the adventure while looking at it. Write down the words you easily remember on the mind map branches. Create your own mind map. It's fun and will help you remember words.

7. Do you also want to improve your writing skills? Use play and pause to create your own dictation exercise. Write down what you listen to, then check how good you are! Alternatively, just copy the Italian version of the episode in your own handwriting.

Additional tips

* **The first episode builds on your motivation,** so consider listening to it once a day for as often as you wish.
* After three deep breaths, close your eyes and **affirm your success!** In the next paragraph you will find some positive affirmations in Italian. Write them down and pronounce them enthusiastically. **Look forward to your play time with *Speak Italian magically*!**
* **Take it easy** and in thirty to sixty days you will have mastered about **800** frequent Italian words and expressions. For the first few days, spend at max twenty minutes a day. Gradually build into **30** to **60** minutes a day. If you miss a day or two, there's NO problem - we are human beings!

Positive affirmations

Imparare l'italiano è facile!

Learning Italian is easy!

Parlo l'italiano molto bene!

I speak Italian very well!!

Mi piace l'Italia!

I like Italy!!

Quando parlo l'italiano sono sicura di me! *[for women]*

Quando parlo l'Italiano sono sicuro di me! *[for men]*

When I speak Italian I am self confident!

Quando parlo l'italiano provo gioia!

When I speak Italian I feel joy!

Giorno dopo giorno parlo l'italiano sempre meglio!

Day after day I speak Italian better and better!

Parlare l'italiano è come parlare la mia madrelingua!

Speaking Italian is like speaking my mother tongue!

Mi piace mangiare italiano!

I like eating Italian (food)!

Capisco tutto in italiano!

I understand everything in Italian!

Parlo l'italiano fluentemente!

I speak Italian fluently!

Adoro parlare in italiano!

I love to speak Italian!

Mi diverto a parlare in italiano!

I have fun speaking Italian!

1

(Io) parlo l'italiano molto bene

Episodio uno — Bilingual version

Find a comfortable place to sit. Uncross your legs. You may want to sit in a comfortable chair, **su una sedia comoda**, or Indian style on the floor, **sul pavimento**, or on a rug, **su un tappeto.** You may even want to lie down with your arms at your sides. Now close your eyes, **chiudi gli occhi** and concentrate on your breathing. Breathe slowly, **respira lentamente.** Breathe in, hold your breath and feel your heartbeat. Breathe out.

As you relax, **mentre ti rilassi,** allow your imagination, **permetti alla tua immaginazione,** to help you recall a pleasant learning experience, **di aiutarti a ricordare una piacevole esperienza di apprendimento.** A time when you learned something important to you, **una volta in cui hai imparato qualcosa di importante per te.** It may have occurred recently or long ago, alone or with others, **può essere successa di recente o molto tempo fa, da solo o con altri.**

Recall the setting, **richiama alla mente l'ambiente.** What do you see? **Cosa vedi?** What do you hear? **Cosa senti?** What do you feel? **Cosa provi?** What special qualities does this experience have? **Che caratteristiche speciali ha quest'esperienza?** Curiosity? **Curiosità?** Joy? **Gioia?** Confidence? **Sicurezza?** Allow yourself to reexperience those qualities, **permettiti di rivivere quelle caratteristiche.** Let them fill you, **lascia che ti riempiano.**

Picture yourself being already able to understand everything in Italian, **immagina di essere già in grado di capire l'italiano,** reading and conversing in Italian, **di leggere e conversare in italiano.** Imagine a group of nice Italian people and you talking to them, **immagina un gruppo di simpatiche persone italiane e di parlare con loro,** they are your friends, **sono tuoi amici.** Notice the look of your friends, as you are speaking to them, **nota lo sguardo dei tuoi amici, mentre stai parlando con loro.** They're happy and proud of you, **sono felici e orgogliosi di te.** And even more important, you are proud of yourself, **e molto** più importante, **tu sei fie<u>r</u>o di te,** because you speak Italian very well, **perché parli l'italiano molto bene.** Repeat mentally, **ripeti mentalmente: io parlo l'italiano molto bene, io parlo l'italiano molto bene.**

They have a gift for you, **hanno un regalo per te.** It is a box colored with the rainbow colors, **è una scatola colorata con i colori dell'arcobaleno**... red... **rosso**... orange... **arancione**... yellow... **giallo**... green... **verde**... dark blue... **blu**... indigo... **indaco**... purple... **viola.** You thank them and take the box in your hands, **li ringrazi e la prendi in mano.** You look at it, **la guardi,** you shake it, **la scuoti,** you feel the pleasant weight in your hands, **senti il suo piacevole peso nelle tue mani.**

This box contains all the positive qualities of your special learning experience, **questa scatola contiene tutte le caratteristiche positive della tua esperienza speciale di apprendimento.** It contains joy, curiosity, confidence, **contiene la gioia, la curiosità, la sicurezza,** and every other positive things you want to put in it, **e tutte le altre cose positive che ci vuoi mettere dentro.** You can imagine to take this box, **puoi immaginare di prendere questa scatola,** every time you want to feel joy, curiosity and confidence, **ogni volta che vuoi provare gioia,**

curiosità e sicurezza, and every time you want to speak Italian, **ogni volta che vuoi parlare l'italiano.**

In a while I will count from one to ten, **tra poco conterò da uno a dieci,** as you get ready to come back to where you started, **mentre ti prepari a ritornare dove hai cominciato.** When you hear the number ten, you will feel happy and in harmony with yourself and life, **quando sentirai il numero dieci, ti sentirai felice e in armonia con te stess<u>o</u> e con la vita;** and you will feel this way every time you will speak Italian, **e ti sentirai così ogni volta che parlerai in italiano. Uno, due, tre, quattro, cinque. Ricorda: quando sentirai il numero dieci, ti sentirai felice e in armonia con te stess<u>o</u> e con la vita; e ti sentirai così ogni volta che parlerai in italiano...sei, sette, otto, nove e dieci.** Open your eyes, **apri gli occhi! Bentornat<u>o</u>!** Welcome back! **Sei felice e in armonia con te stess<u>o</u> e con la vita,** You are happy and in harmony with yourself and life.

(Io) parlo l'italiano molto bene

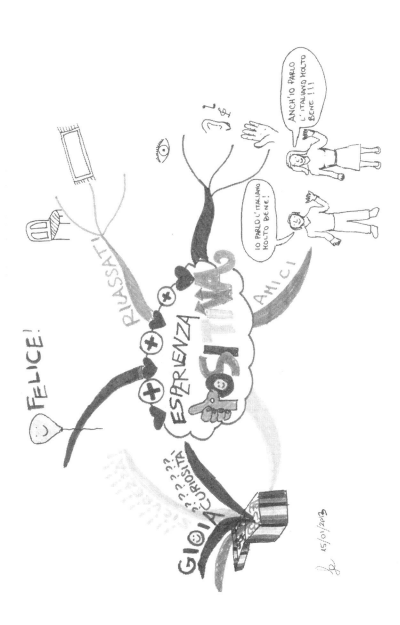

Antonio Libertino

www.speakitalianmagically.com

(Io) parlo l'italiano molto bene
Episodio uno – Solo italiano

Trova un posto comodo per sederti. Disincrocia le gambe. Forse vuoi sederti **su una sedia comoda** o all'indiana **sul pavimento**, oppure **su un tappeto**. Oppure ancora vuoi coricarti con le braccia ai lati. Adesso **chiudi gli occhi** e concentrati sul tuo respiro. **Respira lentamente.** Inspira, trattieni il fiato e senti il battito del tuo cuore. Espira.

Mentre ti rilassi, permetti alla tua immaginazione di aiutarti a ricordare una piacevole esperienza di apprendimento. Una volta in cui hai imparato qualcosa di importante per te. Può essere successa di recente o molto tempo fa, da sol_o_ o con altri.

Richiama alla mente l'ambiente. Cosa vedi? Cosa senti? Cosa provi? Che caratteristiche speciali ha questa esperienza? Curiosità? Gioia? Sicurezza? Permettiti di rivivere quelle caratteristiche. Lascia che ti riempiano.

Adesso, immagina di essere già in grado di capire l'italiano, di leggere e conversare in italiano. Immagina un gruppo di sim-

patiche persone italiane e di parlare con loro, sono tuoi amici.
Nota lo sguardo dei tuoi amici, mentre stai parlando con loro.
Sono felici e orgogliosi di te. E molto più importante, tu sei fie-
ro di te, perché parli l'italiano molto bene. Ripeti
mentalmente: io parlo l'italiano molto bene, io parlo l'italiano
molto bene.

Hanno un regalo per te, è una scatola colorata con i colori
dell'arcobaleno... rosso... arancione... giallo...verde... blu...
indaco... viola. Li ringrazi e la prendi in mano. La guardi, la
scuoti, senti il suo piacevole peso nelle tue mani.

Questa scatola contiene tutte le caratteristiche positive della
tua esperienza speciale di apprendimento. Contiene la gioia, la
curiosità, la sicurezza e tutte le altre cose positive che ci vuoi
mettere dentro. Puoi immaginare di prendere questa scatola
ogni volta che vuoi provare gioia, curiosità e sicurezza; e ogni
volta che vuoi parlare l'italiano.

Tra poco conterò da uno a dieci, mentre ti prepari a ritornare
dove hai cominciato. **Quando sentirai il numero dieci, ti sentirai felice e in armonia con te stesso e con la vita; e ti sentirai
così ogni volta che parlerai in italiano.** Uno, due, tre, quattro,

cinque. Ricorda: quando sentirai il numero dieci, ti sentirai felice e in armonia con te stess<u>o</u> e con la vita; e ti sentirai così ogni volta che parlerai in italiano. Sei, sette, otto, nove, e dieci. Apri gli occhi! Bentornat<u>o</u>! Sei felice e in armonia con te stess<u>o</u> e con la vita.

Episodio uno - Le domande

Answer in Italian:

Rispondi in italiano:

How do you say "pleasant experience" in Italian?

Come si dice "pleasant experience" in italiano?

How do you say "I speak Italian very well" in Italian?

Come si dice in italiano "I speak Italian very well"?

How do you say "colored box" in Italian?

Come si dice "colored box" in italiano?

How do you feel every time you speak Italian?

Come ti senti ogni volta che parli italiano?

2

At the bar in Tropea
Al bar a Tropea
Episodio due — Bilingual version

Trova un posto comodo per sederti. Disincrocia le gambe. Forse vuoi sederti su una sedia comoda o all'indiana sul pavimento, oppure su un tappeto. Oppure ancora vuoi coricarti con le braccia ai lati. Adesso chiudi gli occhi e concentrati sul tuo respiro. Breathe slowly, **respira lentamente**. More slowly, **più lentamente**. Inhaling, **inspirando**, exhaling, **espirando**. Breathing in through your nose, **inspirando dal naso**, breathing out through your mouth, **espirando dalla bocca**. It's easy! **È facile!** And now you feel your muscles relax, **e adesso senti i muscoli che si rilassano**, as you imagine the sun, **mentre immagini il sole**, starting to touch you with its light, **che comincia a toccarti con la sua luce**, relaxing you, **facendoti rilassare**. The light of the sun warms the top of your head, **la testa**, your eyes, **gli occhi**, your cheeks, **le guance**, and your mouth, **la bocca**. You feel more and more relaxed, **più rilassat<u>o</u>**. Relax your neck, **il collo**, your shoulders, **le spalle. Respira lentamente.** The light continues to relax your arms, **le braccia**, your hands, **le mani.** Feel your chest as it moves up and down, **il petto**, the chest. And the muscles of your stomach, **la pancia**, begin to relax. Relax your back, **rilassa la schiena.** And finally the sunlight moves into your legs, **le gambe,** your knees, **le ginocchia,** and your feet, **i piedi.**

Now, **ora**, you are going to take a trip, **un viaggio.** It's an imaginary adventure, **un'avventura immaginaria.** Have you ever been on a flying carpet, **un tappeto volante?** Imagine one now, lying on the floor in front of you. Step onto it, and sit down, **siediti**. It will take you now, up, up into the air, **in aria**. You feel yourself moving up, **ti muovi,** toward the sky, **verso il cielo.** The sky is blue, **il cielo è azzurro.** It's summertime, **è estate.** The weather is beautiful, **fa bel tempo.** The sun is shining, **c'è il sole.** It's hot, **fa caldo,** and you feel happy, **sei felice,** because we are going to the beach, **andiamo in spiaggia.**

The beach is in faraway **Tropea, in Italia. Stiamo arrivando adesso,** we're arriving. The magic carpet begins to land. All around you are palm trees, **palme**. They're green, **sono verdi,** and the sand, **la sabbia,** is white, **è bianca.** There are white sea-gulls, **i gabbiani bianchi,** flying in the sky, **nel cielo.** Feel the breeze, **la brezza.** Look at the sea! **Guarda il mare!** It's a beautiful blue, **azzurro.** With the waves, **le onde.** There are lots of people, **c'è molta gente,** at the beach, **in spiaggia.** There are children, **ci sono bambini,** women, **donne,** young men, **ragazzi,** men, **uomini,** families, **famiglie.** They are speaking Italian, **parlano italiano.** They are wearing bathing suits, **i costumi da bagno.** In the water, **in acqua,** you see boats, **barche,** sailboats, **barche a vela,** and motor boats, **motoscafi,** for water skiing, **per lo sci d'acqua.** There are some boys surfing, **stanno facendo surf.** You decide to go for a swim, **andare a nuotare.** You walk to the edge, **la riva,** and you go in the water, **entri in acqua.** How fresh! **Che fresca!** How nice! **Che bella!**

After you swim, you are thirsty, **hai sete,** and you notice a bar, **un bar.** They sell drinks, **bibite,** and snacks, **spuntini.** You want to see what you can get. So you call the waiter, **il cameriere,** and ask: "Waiter, the menu, please, **cameriere, il menù per favore**". On the menu you see that you could get a Coke, **una Coca Cola,** a beer, **una birra,** a glas of wine, **un bicchiere di vino,** a bottle of mineral water, **una bottiglia d'acqua minerale.**

You don't want neither a coffee, **un caffé**, nor a cappuccino , **un cappuccino**, and not even a tea, **un tè**. How about an orange juice, **un succo d'arancia,** or an orange squash, **una spremuta d'arancia? Un succo d'arancia** sounds good. And it tastes good too. **Che buono!**

You are also hungry, **hai fame,** so you look at the snacks, **gli spuntini.** You could get some olives, **delle olive,** a toastie, **un toast,** some potato crisps, **delle patatine ,** or a small pizza, **una pizzetta.** How about a sandwich, **un tramezzino,** or some peanuts, **delle noccioline?** You go for **una pizzetta**, a small pizza. It tastes great!**Che buona!** You want to pay, so you ask "the bill, please, **il conto, per favore**". You think: "**Mi piace Tropea,** I like Tropea". You pay **il conto** and say: "**Grazie**". Then: "**Arrivederci,** goodbye".

You go back to your carpet. It's time to go home. You step onto your carpet and slowly you're once again in the air, **in aria,** above the palm trees, **le palme,** the beach, **la spiaggia,** the people, **la gente.** And slowly, **lentamente,** you return to where you started. And now as I count from one to ten in Italian, you come back very gently. Quando sentirai il numero dieci, ti sentirai felice e in armonia con te stess<u>o</u> e con la vita; e ti sentirai così ogni volta che parlerai in italiano. Uno, due, tre, quattro, cinque. Quando sentirai il numero dieci, ti sentirai felice e in armonia con te stess<u>o</u> e con la vita; e ti sentirai così ogni volta che parlerai in italiano. Sei, sette, otto, muovi i piedi, e le mani, nove e dieci. Apri gli occhi! Bentornat<u>o</u>! Sei felice e in armonia con te stess<u>o</u> e con la vita.

Episodio due – Le note

With body parts, "the" is often used in Italian instead of "your".

Here are some of the Italian articles:

il = the (masculine)

la = the (feminine)

i = the (plural masculine)

le = the (plural feminine)

Bevande *is another word for drinks. In Italy we also say* **"un drink"**, *a drink.*

If you want a small bottle of water you ask for **una bottiglietta d'acqua.**

"delle" *is the Italian word for "some" (femine plural).*

Al bar a Tropea
Episodio due – Solo italiano

Trova un posto comodo per rilassarti. Disincrocia le gambe. Forse vuoi sederti su una sedia comoda o all'indiana sul pavimento, oppure su un tappeto. Oppure ancora vuoi coricarti con le braccia ai lati. Adesso chiudi gli occhi e concentrati sul tuo respiro. **Respira lentamente, più lentamente.** Inspirando, espirando. Inspirando **dal naso**, espirando **dalla bocca. È facile!** E adesso senti **i muscoli che si rilassano**, mentre immagini il sole, che comincia a toccarti, **con la sua luce, facendoti rilassare.** La luce del sole ti riscalda la parte alta dell**a testa, gli occhi, le guance e la bocca.** Ti senti sempre **più rilassato**. Rilassa **il collo**, entrambe **le spalle. Respira lentamente.** La luce continua a rilassare **le braccia e le mani.** Senti **il petto** mentre si muove su e giù. E i muscoli del**la pancia** cominciano a rilassarsi. **Anche la tua schiena si rilassa.** E finalmente il sole si muove verso **le gambe, le ginocchia e i piedi.**

Ora stai per fare **un viaggio, è un'avventura immaginaria.** Sei mai stato su **un tappeto volante?** Immaginane uno adesso, steso sul pavimento di fronte a te. Salici sopra e **siediti**. Ti porterà su adesso, **in aria.** Senti che **ti muovi** su **verso il cielo. Il cielo è**

azzurro. **È estate. Fa bel tempo. C'è il sole. Fa caldo** e **sei felice**, perché **andiamo in spiaggia.**

La spiaggia è nella lontana **Tropea, in Italia. Stiamo arrivando.** Il tuo tappeto magico comincia ad atterrare. Tutto intorno a te ci sono **palme.** Le palme **sono verdi e la sabbia è bianca.** Ci sono dei **gabbiani bianchi** che volano **nel cielo.** Senti **la brezza.** Guarda il mare! È di un bellissimo **azzurro,** con **le onde. C'è molta gente in spiaggia. Ci sono bambini, donne, ragazzi, uomini, famiglie. Parlano italiano.** Indossano **i costumi da bagno. In acqua** vedi **barche, barche a vela e motoscafi per lo sci d'acqua.** Ci sono alcuni ragazzi che **stanno facendo surf.** Decidi di **andare a nuotare.** Perciò cammini fino al**la riva** ed **entri in acqua. Che fresca! Che bella!**

Dopo aver nuotato, **hai sete** e noti **un bar.** Vendono **bibite e spuntini.** Vuoi vedere cosa puoi prendere. Perciò chiami **il cameriere** e chiedi:**"Cameriere, il menù per favore".** Sul menù vedi che puoi prendere **una Coca Cola, una birra, un bicchiere di vino, una bottiglia d'acqua minerale.** Non vuoi né **un caffè,** né **un cappuccino** e nemmeno **un tè.** Che ne dici di **un succo d'arancia** oppure di **una spremuta d'arancia? Un succo d'arancia** va bene e ha anche un buon sapore. **Che buono!**

Hai fame, perciò dai un'occhiata **agli spuntini.** Potresti prendere **delle olive, un toast, delle patatine o una pizzetta.** Che ne dici di **un tramezzino, o delle noccioline?** Ti decidi per **una pizzetta. Che buona!** Vuoi pagare, perciò chiedi: "**Il conto, per favore**". Pensi: "**Mi piace Tropea**". Paghi il conto e dici: "**Grazie**". Poi dici: "**Arrivederci**" e torni al tuo tappeto.

È ora di tornare a casa. Sali sul tuo tappeto e lentamente sei di nuovo **in aria,** sopra **le palme, la spiaggia, la gente.** E lentamente ritorni dove hai cominciato. Adesso, mentre conto da uno a dieci, ti prepari a ritornare dolcemente. Quando sentirai il numero dieci, ti sentirai felice e in armonia con te stesso e con la vita. E ti sentirai così ogni volta che parlerai in italiano. Uno, due, tre, quattro, cinque. Quando sentirai il numero dieci, ti sentirai felice e in armonia con te stesso e con la vita e ti sentirai così ogni volta che parlerai in italiano. Sei, sette, otto, muovi i piedi e le mani, nove e dieci. Apri gli occhi! Bentornato! Sei felice e in armonia con te stesso e con la vita.

Episodio due – Le domande

Answer in Italian:

Rispondi in italiano:

What kind of adventure is this?

Che tipo di avventura è questa?

What time of the year is this?

Che periodo dell'anno è?

What's the weather like?

Com'è il tempo?

How do you feel?

Come ti senti?

What are you supposed to look at?

Cosa dovresti guardare?

What do you see in the water?

Cosa vedi in acqua?

What can you get at the bar?

Cosa puoi prendere al bar?

How do you ask for the menu?

Come chiedi per avere il menù?

How do you ask for the bill?

Come chiedi per avere il conto?

How do you count from one to ten in Italian?

Come conti da uno a dieci in italiano?

3

By taxi to the Estate Hotel
In taxi all'hotel Estate
Episodio tre — Bilingual version

Trova un posto comodo per rilassarti. Siediti comodamente su una sedia. Disincrocia le gambe. Coricati se preferisci, if you like, **con le mani ai lati.** Now, **adesso,** close your eyes, **chiudi gli occhi.** Concentrate, **concentrati,** on the beating of your heart, **sui battiti del tuo cuore.** This is your chance to relax, **questa è la tua opportunità per rilassarti.** Let your imagination, **la tua immaginazione,** take you on a trip, **un viaggio.** This will be a special adventure, **un'avventura speciale.** Breathe slowly, **respira lentamente,** in through your nose, **inspirando dal naso,** and out through your mouth, **espirando dalla bocca. Uno, due, uno, due.** Begin to relax, starting with your feet, **i piedi.** Feel your feet and your legs, **le gambe,** relax. Let the relaxation move to the upper part of your body. Relax, **rilassati**. You feel the relaxation moving into your arms, **le braccia**, your hands, **le mani**, your fingers, **le dita**. The relaxation moves into your shoulders, **le spalle**, and your neck, **il collo**. Let your worries, **le tue preoccupazioni**, float away, far away. And finally, relax your head, **la testa**, and your face, **la faccia**. As you breathe, feel as though a fluffy cloud was all around you, **una nuvola**, a cloud.

And now, **adesso**, we are ready to board an airplane, **un aereo**, for we are going to Italy, **andiamo in Italia**, to Rome, **a Roma**. Have you ever been to Rome? **Sei mai stato a Roma?** This is your chance to visit it or return to it. Rome is a city, **è una città**, very big and beautiful, **molto grande e bella**, there is the Colosseum, **il Colosseo**, there are churches, **ci sono chiese** and there's the pope, **e c'è il Papa**. And that's where we're headed. Are you ready? **Sei pronto?** Board your airplane, **l'aereo**, and now you're high, **in alto**, among the clouds, **tra le nuvole**. The sky is blue, **il cielo è azzurro**, and before you know it, you are ready to land in **Roma**.

From the airport, **l'aeroporto**, you could take the train, **il treno**, or the bus, **l'autobus**, but you take a taxi, **prendi un taxi**. "To the Estate hotel, **all'hotel Estate**", you say. And now you are there. You ask "How much is it? **Quant'è?**" the taxi driver, **il tassista**, then you pay.

You look at the hotel. It's big and beautiful, **è grande e bello**, with some ancient columns, **con delle colonne antiche**, and a fountain in front of it, **e una fontana davanti**. How beautiful, che bello! You walk to the reception, **cammini fino alla reception**. The hotel receptionist, **la receptionist**, says: "Good evening, **buona sera**". You answer: "**Buona sera**". She asks you: "What can I do to help you? **Come posso aiutarla?**" You feel very confident with your Italian, so you say: "**Una camera, per favore,** a room, please". She asks you: "**Singola o doppia?** Single or double room?" You answer: "**Singola per favore,** single, please" - "**Ha prenotato?** Have you booked?" You say: "**No, c'è una camera disponibile?** No, is there an available room?". With a smile, **un sorriso**, the receptionist answers: "**Certo che c'è una camera per Lei,** of course there's a room for you". She asks: "**Per quante notti?** For how many nights?" - "**Per una notte,** for one night", you answer. You are happy, **sei felice**, you think that Italians are so nice, **gli italiani sono così simpatici.**

After giving a document, **un documento**, you are ready, **sei pront_o_**, to enjoy an evening in Rome, **a goderti una serata a**

Roma. You go out and reach **Piazza di Spagna**, a famous square in the city, **una piazza famosa in città.** You like Rome very much, **Roma ti piace molto.** You feel very good, **ti senti molto bene**, also because you speak Italian very well, **anche perché parli l'italiano molto bene.** You enjoy your time walking around in Rome, **in giro per Roma.** Then you spend a restful night of sleep at the hotel, **una notte riposante all'hotel.**

And now it's time to return, to the place where you started. Go back to the airport, **all'aeroporto**, and very slowly you return home, **a casa**, and as I count from one to ten, bring your attention back. **Quando sentirai il numero dieci, ti sentirai sveglio,** awake, **pieno di energie**, full of energies, **e sicuro di te**, self confident; **e ti sentirai così ogni volta che parlerai in italiano. Uno, due, tre, quattro, cinque. Quando sentirai il numero dieci, ti sentirai sveglio, pieno di energie e sicuro di te; e ti sentirai così ogni volta che parlerai in italiano. Sei, sette, otto, nove, dieci. Apri gli occhi. Ti senti sveglio, pieno di energie e sicuro di te.**

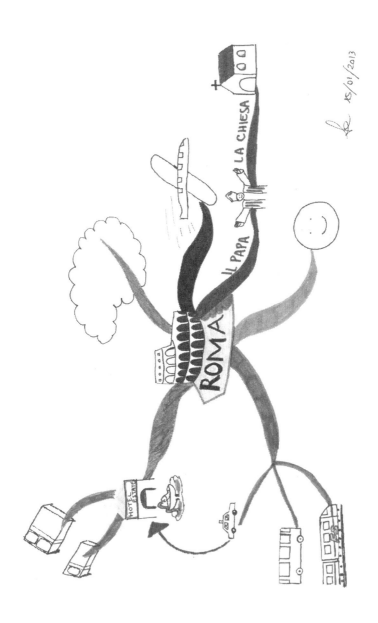

Episodio tre – Le note

We use "**c'è**" if <u>there is</u> one thing or person. What do we use if there is more than one thing or person?

In Italian we have formal and informal ways to address people. "**tu**" is informal. "**Lei**" is formal. Is "**Come posso aiutarla?**" a formal or an informal expression?

Notice these expressions:

Per una notte

Per due notti

What's the difference?

To say "I like Rome very much", we say "**Roma mi piace molto**" or "**Mi piace molto Roma**".

"**Andare in giro**" is the frequent Italian expression for "to go around".

Completa:

C'è il papa e __ _____ (le) chiese.

In taxi all'hotel Estate

Episodio tre – Solo italiano

Trova un posto comodo per rilassarti. Siediti comodamente su una sedia. Disincrocia le gambe. Coricati, se preferisci, **con le mani ai lati. Adesso chiudi gli occhi e concentrati sui battiti del tuo cuore. Questa è la tua opportunità per rilassarti.** Lascia che **la tua immaginazione** ti porti in **viaggio.** Sarà **un'avventura speciale. Respira lentamente, inspirando dal naso ed espirando dalla bocca, uno, due, uno, due.** Inizia a rilassarti, cominciando con **i piedi.** Senti i piedi e **le gambe** che si rilassano. Lascia che il rilassamento si sposti verso la parte superiore del tuo corpo. **Rilassati.** Senti il rilassamento nel**le braccia,** nelle **mani,** nelle **dita.** E il rilassamento si sposta nel**le spalle** e **nel collo.** Lascia volare via **le tue preoccupazioni,** molto lontano. E infine rilassa **la testa** e **la faccia.** Mentre respiri, senti come se una nuvola soffice fosse tutta attorno a te.

E **adesso,** siamo pronti a salire su un aereo, perché **andiamo in Italia, a Roma. Sei mai stat<u>o</u> a Roma?** Questa è la tua opportunità di visitarla o di ritornarci. Roma **è una città molto grande e bella,** c'è il Colosseo, ci sono tante chiese e c'è il Papa. Ed è lì, a Roma, che siamo diretti. **Sei pront<u>o</u>?** Sali sull'aereo. E ora sei **in** alto, tra le nuvole. **Il cielo è azzurro.** Prima che tu te ne accorga, sei pront<u>o</u> per atterrare **a Roma.**

Dall'**aeroporto**, potresti prendere **il treno**, o l'**autobus**, ma **prendi un taxi.** "**All'hotel Estate**" dici. E adesso sei lì. Chiedi "**Quant'è?**" al **tassista**, poi paghi.

Guardi l'hotel. **È grande e bello, con delle colonne antiche e una fontana davanti. Che bello!** Cammini fino alla reception. **La receptionist** dice: "**Buona sera**" e tu rispondi: "**Buona sera**", ti chiede: "**Come posso aiutarla?**" Ti senti molto sicur<u>o</u> del tuo italiano, perciò dici: "**Una camera, per favore.**" Ti chiede: "**Singola o doppia?**" Rispondi: "**Singola per favore**". "**Ha prenotato?**", domanda lei. E tu: "**No, c'è una camera disponibile?**" Con **un sorriso** la receptionist risponde:"**Certo che c'è una camera per Lei**". E ti domanda: "**Per quante notti?**"- "**Per una notte**", rispondi tu. **Sei felice**, pensi: "**Gli italiani sono così simpatici**".

Dopo averle dato **un documento, sei pront<u>o</u> a goderti una bella serata a Roma. Esci e raggiungi Piazza di Spagna, una piazza famosa in città. Roma ti piace molto. Ti senti molto bene, an**che perché **parli l'italiano molto bene.** Trascorri piacevolmente il tuo tempo, passeggiando **in giro per Roma**. Poi passi **una not-te riposante all'hotel**.

E adesso è ora di ritornare al posto dove hai cominciato. Vai **all'aeroporto**, e molto lentamente ritorni **a casa** . E mentre conto da uno a dieci, riporti indietro la tua attenzione. **Quando sentirai il numero dieci, ti sentirai sveglio, pieno di energie e sicuro di te; e ti sentirai così ogni volta che parlerai in italiano.** Uno, due, tre, quattro, cinque. **Quando sentirai il numero dieci, ti sentirai sveglio, pieno di energie e sicuro di te; e ti sentirai così ogni volta che parlerai in italiano. Sei, sette, otto, nove, dieci. Apri gli occhi. Ti senti sveglio, pieno di energie e sicuro di te!**

Episodio tre – Le domande

Answer in Italian:

Rispondi in italiano:

Where are we going?

Dove andiamo?

How do you say: Have you ever been to Italy?

Vuoi chiedere a qualcuno se è mai stato in Italia. Come si dice?

What is Roma like?

Com'è Roma?

What could you take to go to the hotel?

Che mezzo di trasporto puoi prendere per andare all'hotel?

What do you ask the hotel receptionist?

Cosa chiedi alla receptionist?

For how many nights do you want to stay in Rome?

Per quante notti vuoi restare a Roma?

How do you feel?

Come ti senti?

Do you like Rome?

Ti piace Roma?

How do you speak Italian?

Come parli l'italiano?

What is the night you spend at the hotel like?

Com'è la notte che trascorri all'hotel?

4

Breakfast and bike excursion to Siena
Colazione e gita in bici a Siena
Episodio quattro — Bilingual version

Trova un posto comodo, siediti su una sedia o su un tappeto. Se vuoi, coricati. Chiudi gli occhi e concentrati sulla tua respirazione, inspirando dal naso, espirando dalla bocca. Visualizza tutti i tuoi problemi e distrazioni, visualize all of your problems and worries. **Vedili in un enorme pallone luminoso,** see them in an enormous bright balloon. **Il pallone comincia a diventare sempre più piccolo,** the balloon becomes smaller and smaller. **E finalmente sparisce,** and finally it disappears. **Respira profondamente e comincia a rilassarti, dalla testa ai piedi, la fronte, gli occhi, la faccia, il collo, le spalle, il petto, la pancia, le gambe e i piedi. Sei completamente rilassato e respiri profondamente,** you breath deeply.

Oggi è sabato, it's Saturday. **Un'amica parla con te.** A friend is talking with you. **Sei molto felice, adesso sei in Toscana,** in Tuscany, **nel verde della campagna toscana,** in the green Tuscany countryside. **Fa bel tempo. C'è il sole. Il cielo è azzurro. Gli uccelli cinguettano,** the birds are singing. **Sei in una splendida villa in campagna,** you're in a wonderful villa on the countryside, **stai facendo colazione all'aria aperta con la tua amica,** you're having breakfast on the open air with your friend. **Sul tavolo c'è molto cibo,** on the table there's a lot of food. **Il pane,** bread, **dei panini,** some bread rolls, **le fette biscottate,** melba toasts or rusks, **i cereali,** cereals, **dei cornetti,** some croissants, **la frutta, il miele,** honey, **la marmellata,** marmelade, **il burro,** butter, **lo yoghurt. Da bere,** to drink, **c'è il latte,** milk, **il caffelatte,** coffee with milk, **il tè al limone,** lemon tea, **il succo d'arancia. Prendi soltanto un tè,** you just have a tea, **e un panino con burro e marmellata,** a bread roll with butter and marmelade. **Vuoi stare leggero,** you want to stay light, **perché stai per fare una gita con la tua bici,** you're going for a ride with your bike.

Hai una bicicletta nuova, you have got a new bike. **È blu. Guardala,** look at it. **Ne sei orgoglioso,** you're proud of it. **Sali sulla tua bicicletta,** you get on your bike, **e cominci a pedalare,** and you begin to pedal. **Sei in forma,** you're fit. **Sei su una strada di campagna,** you're on a countryside road. **C'è un uomo che cammina,** there's a man walking. "**Senta, scusi, è questa la strada per Siena?** Escuse me, is this the road to Siena?" - "**Sì, vada sempre drit_to_,** Go straight ahead, **poi prenda la prima a destra**, then take the first (road) on the right, **e la seconda a sinistra**, and the second (road) on the left" - "**Grazie mille**", dici. "**Prego**", risponde. "You're welcome", he answers.

In poco tempo sei a Siena, in short time you're in Siena. **Questa città è famosa per l'arte, l'artigianato e il Palio,** this city is famous for its art, handcraft and the "**Palio**", **la grande festa di Siena. Sei fortuna_to_,** you're lucky. **La tradizionale corsa di cavalli si svolge proprio oggi,** the traditional horse race takes place today.

Vai all'ufficio turistico per chiedere informazioni, you go to the tourist office to ask for information. "**Dov'è che si svolge il Palio?** Where does the Palio take place?" - "**In piazza del Campo, vada in fondo a destra, è impossibile sbagliarsi,** turn right at the end of the street, it's impossible to go wrong".

Vuoi comprare dei francobolli, you want to buy some stamps, **per spedire una cartolina da Siena ai tuoi amici,** to send a postcard from Siena to your friends. **In Italia i francobolli e le cartoline si possono comprare nei tabacchini,** in Italy one can buy stamps and postcards in tobacco shops. **Perciò chiedi,** so you ask: **"C'è un tabacchino qui vicino?** Is there a tabacchi near here?" - **"Sì, ce n'è uno qui di fronte,** yes, there's one in front of here". **Compri le tue belle cartoline e i tuoi francobolli,** you buy your beautiful postcards and your stamps. **Che bello!**

Raggiungi Piazza del Campo, you reach Piazza del Campo, **la città è in festa,** the city is celebrating, **la gente è allegra,** people are cheerful. **Anche tu sei allegro,** you are cheerful too. **Ecco i fantini,** here are the jockeys, **stanno arrivando in piazza,** they're coming to the square. **Guardi i colori dei loro costumi,** you look at their costume colors. **Verde,** green, **rosso,** red, **giallo,** yellow, **arancione,** orange. **Come sono belli,** how beautiful. **Come sono colorati,** how colorful. **Inizia la corsa,** the race begins. **Che emozione,** how exciting! **Ti godi la corsa e ti diverti tanto,** you enjoy the race and you have a lot of fun. **Sei molto felice anche perché parli l'italiano molto bene... Lo ripeti mentalmente: io parlo l'italiano molto bene.**

Adesso, devi ritornare al posto dove tutto è cominciato, now you have to get back to the place where all began. **Piano piano,** slowly, **muovi i piedi, la testa, le spalle, le braccia. Apri gli occhi adesso. Sei felice e provi tanta gioia. Bentornato.**

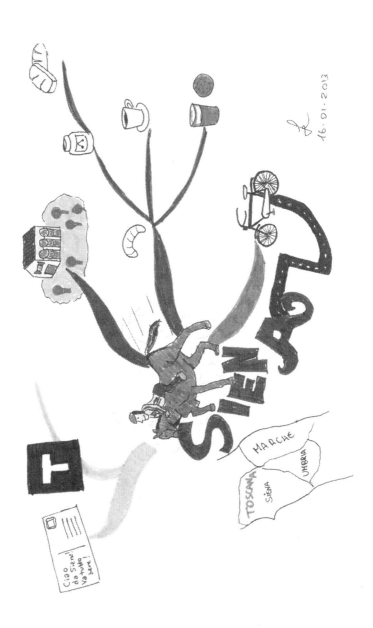

Episodio quattro — Le note

Molti italiani fanno colazione bevendo solo una tazza di caffè e mangiando un cornetto. Gli italiani mangiano cose dolci a colazione e NON bevono il cappuccino di sera.

*Many Italians have their breakfast drinking only a cup of coffee and eating a croissant. Italians eat sweet food for breakfast and they **don't** have cappuccino in the evening hours.*

Nota l'espressione: fare colazione.

*Notice the expression: "**fare colazione**", lit.: to do breakfast*

"Senta, scusi" è il modo formale di attrarre l'attenzione per strada. Il modo informale è: "Senti, scusa"

*"**Senta, scusi**" is the formal way to attract people's attention on the street. Literally it means "listen, excuse me". The Informal way is: "**Senti, scusa**".*

Colazione e gita in bici a Siena
Episodio quattro — Solo italiano

Trova un posto comodo, siediti su una sedia o su un tappeto. Se vuoi, coricati. Chiudi gli occhi e concentrati sulla tua respirazione, inspirando dal naso, espirando dalla bocca. **Visualizza tutti i tuoi problemi e distrazioni, vedili in un enorme pallone luminoso. Il pallone comincia a diventare sempre più piccolo. E finalmente sparisce. Respira profondamente e comincia a rilassarti, dalla testa ai piedi, la fronte, gli occhi, la faccia, il collo, le spalle, il petto, la pancia, le gambe e i piedi. Respiri profondamente e sei profondamente rilassato.**

Oggi è sabato. Un'amica parla con te. Sei molto felice, adesso sei in Toscana, nel verde della campagna toscana. Fa bel tempo. C'è il sole. Il cielo è azzurro. Gli uccelli cinguettano. Sei in una splendida villa in campagna e stai facendo colazione all'aria aperta con la tua amica. Sul tavolo c'è molto cibo. Il pane, dei panini, le fette biscottate, i cereali, dei cornetti, la frutta, il miele, la marmellata, il burro, lo yoghurt. Da bere c'è il latte, il caffelatte, il tè al limone, il succo d'arancia. Prendi soltanto un tè e un panino con burro e marmellata. Vuoi stare leggero, perché stai per fare una gita con la tua bici.

Hai una bicicletta nuova. È blu. Guardala. Ne sei orgoglio_o_. Sali sulla tua bicicletta e cominci a pedalare. Sei in forma. Sei su una strada di campagna. C'è un uomo che cammina e gli chiedi. "Senta, scusi, è questa la strada per Siena?" - "Sì, vada sempre dritt_o_, poi prenda la prima a destra e la seconda a sinistra", risponde lui. "Grazie mille", dici. "Prego", risponde lui.

In poco tempo sei a Siena. Questa città è famosa per l'arte, l'artigianato e il Palio, la grande festa di Siena. Sei fortunat_o_, la tradizionale corsa di cavalli si svolge proprio oggi.

Vai all'ufficio turistico per chiedere informazioni. "Dov'è che si svolge il Palio?" - "In piazza del Campo, vada in fondo a destra, è impossibile sbagliarsi".

Vuoi comprare dei francobolli, per spedire una cartolina da Siena ai tuoi amici. In Italia i francobolli e le cartoline si possono comprare nei tabacchini. Perciò chiedi: "C'è un tabacchino qui vicino?" - "Sì, ce n'è uno qui di fronte". Compri le tue belle cartoline e i tuoi francobolli. Che bello!
Raggiungi Piazza del Campo. La città è in festa, la gente è allegra, anche tu sei allegr_o_. Ecco i fantini, stanno arrivando in

piazza. Guardi i colori dei loro costumi: verde, rosso, giallo, arancione. Come sono belli! Come sono colorati! Inizia la corsa! Che emozione! Ti godi la corsa e ti diverti tanto. Sei molto felice anche perché parli l'italiano molto bene, lo ripeti mentalmente: io parlo l'italiano molto bene.

Adesso, devi ritornare al posto dove tutto è cominciato. Piano piano, muovi i piedi, la testa, le spalle, le braccia. Apri gli occhi adesso. Sei felice e provi tanta gioia. Bentornat<u>o</u>.

Episodio quattro — Le domande

Answer in Italian:

Rispondi in italiano:

Where are you having breakfast?

Dove fai colazione?

Who are you having breakfast with?

Con chi fai colazione?

What's on the table?

Cosa c'è sul tavolo?

How do you ask for directions?

Come chiedi la strada per Siena?

How do you say "straight ahead"in Italian?

Come si dice *"straight ahead"* **in italiano?**

What is Siena famous for?

Per cosa è famosa Siena?

What is the Palio?

Cos'è il Palio?

Where can you buy stamps?

Dove puoi comprare i francobolli?

How do you ask:"Is there a tabacchi near here?"

Cosa chiedi per sapere dov'è un tabacchino?

What is the people like in Piazza del Campo?

Com'è la gente in Piazza del Campo?

How do you feel?

Come ti senti?

5

A weekend in Florence
Un fine settimana a Firenze
Episodio cinque — Bilingual version

Un amico parla con te. Ti dice: chiudi gli occhi. Lo sai che siamo su una nuvola? We're on a cloud. **La nuvola è bianca e tu puoi rilassarti completamente. Il sole risplende nel cielo,** the sun is shining in the sky. **Rilassati! Rilassa la testa e la faccia. Rilassa il collo, le spalle, le braccia. Rilassa il petto e la pancia. Rilassa tutto il corpo,** your whole body. **Respira lentamente, respira profondamente.**

Indovina, guess! **Che giorno è? Non è né lunedì,** neither Monday, **né martedì,** nor Tuesday, **né mercoledì,** Wednesday, **né giovedì,** Thursday, **né venerdì,** Friday, **né sabato,** Saturday. **È**

domenica, it's Sunday. **Vieni con me,** come with me, **ti porto in un posto molto interessante. Sei mai stato a Firenze?** Have you ever been to Florence?

La nostra nuvola si ferma, our cloud stops, **e si abbassa lenta- mente,** descends slowly. **Siamo arrivati a Firenze,** we've arrived in Florence. **Siamo a Firenze e siamo felici. Qui tutta la bellezza si concentra in poco spazio, ,** here all the beauty is concentra- ted in little room. **Ad ogni via,** at every street, **angolo,** corner, **ponte,** bridge, **c'è qualcosa di artistico,** there's something arti- stic, **che cattura l'attenzione di chi passa,** that captures the passer's by attention.

Andiamo all'ufficio turistico. L'impiegata è una bella donna italiana, the clerk is a beautiful Italian woman, **con i capelli neri e lunghi,** with dark and long hair. **Sorride,** she smiles, **e anche tu sorridi,** and you smile too. **Parli l'italiano sempre meglio,** you speak Italian better and better, **perciò la saluti e chiedi,** so you say hello and ask: **"Cosa c'è da vedere e da fare a Firenze?** What's to do and to see in Florence?" - **"Eh, tantissimo,** so much, **assolutamente da vedere sono i musei,** the museums are absolutely to see, **gli Uffizi, Palazzo Vecchio ad esempio,** for example. **Potete vedere opere di grandi artisti,** You can see works of great artists, **come Michelangelo, Botticelli, Leonardo. Potete fare un giro della città e vedere le chiese e il ponte Vecchio.** You can make a city tour and see the churches and Ponte Vecchio. **In questo opuscolo ci sono tutte le informazioni sugli orari di apertura.** In this leaflet there is all the information about the opening hours, **e sui prezzi,** and about the prices" – "**Grazie mille**", dici.

Decidiamo di andare al museo degli Uffizi. We decide to go to the Uffizi museum. **Oggi non è chiuso, è aperto dalle nove alle venti.** Today is not closed, it is open from nine to twenty. **Siamo fortunati,** we're lucky. **Dobbiamo solo contare da ventiquattro a undici per raggiungerlo,** we just have to count from twenty-four to eleven to reach it. **Ventiquattro, ventitré, ventidue, ventuno, venti, diciannove, diciotto, diciassette, sedici, quindici, quattordici, tredici, dodici, undici.**

Ecco il museo. Dobbiamo comprare i biglietti, we have to buy the tickets, **perciò saluti l'impiegato,** so you say hi to the museum assistant, **e chiedi,** and ask for, **due biglietti. "Tariffa ridotta?", ti chiede lui.** "Reduced fare?", he asks you. **"No, quant'è?** How much is it?" – "**Sei euro e cinquanta,** six euro fifty". **Paghi ed entri a vedere tutte le meraviglie dell'arte.** You pay and enter to see all the art marvels. **Stai alla grande**, you feel great. **Che capolavori.** What masterpieces.

E adesso dobbiamo tornare indietro, and now we have to go back. **Undici, dodici, tredici, quattordici, quindici, sedici, diciassette, diciotto, diciannove, venti, ventuno, ventidue, ventitré, ventiquatto. Andiamo a prendere la nuvola su cui siamo venuti**, let's go and take the cloud we came on. **Saliamo sulla nuvola e lentamente saliamo in alto nel cielo. Vediamo Firenze dall'alto, diventa sempre più piccola. E noi saliamo sempre più in alto, sempre più in alto, nel cielo. E molto lentamente ritorniamo al posto da cui siamo partiti. E molto lentamente cominci a muovere i piedi, le braccia, le dita e le mani. Apri gli occhi, stai bene e parli l'italiano sempre meglio. Bentornato.**

Episodio cinque – Le note

In italiano **i capelli** possono essere **castani, neri, biondi, lunghi, corti, ricci o lisci.**

In Italian hair can be <u>brown, black, blond, long, short, curly or straight</u>.

Alcuni musei sono chiusi alcuni giorni della settimana. Controlla sempre gli **orari di apertura**!

Some museums are closed some days of the week. Always check the <u>orari di apertura</u> out!

Se sei uno studente (o una studentessa) oppure hai più di 65 anni potresti pagare la **tariffa ridotta**.

You could pay <u>reduced fare</u> if you are a student or you are more than 65 years old.

Un fine settimana a Firenze
Episodio cinque – Solo italiano

Un amico parla con te. Ti dice: chiudi gli occhi, lo sai che siamo su una nuvola? La nuvola è bianca e tu puoi rilassarti completamente. Il sole risplende nel cielo. Rilassati! Rilassa la testa e la faccia. Rilassa il collo, le spalle, le braccia. Rilassa il petto e la pancia. Rilassa tutto il corpo. Respira lentamente, respira profondamente.

Indovina! Che giorno è? Non è né lunedì, né martedì, né mercoledì, né giovedì, né venerdì, né sabato. È domenica. Vieni con me, ti porto in un posto molto interessante. Sei mai stato a Firenze?

La nostra nuvola si ferma e si abbassa lentamente. Siamo arrivati a Firenze. Siamo a Firenze e siamo felici. Qui tutta la bellezza si concentra in poco spazio. Ad ogni via, angolo, ponte, c'è qualcosa di artistico, che cattura l'attenzione di chi passa.

Andiamo all'ufficio turistico. L'impiegata è una bella donna italiana, con i capelli neri e lunghi. Sorride e anche tu sorridi.

Parli l'italiano sempre meglio, perciò la saluti e chiedi: "Cosa c'è da vedere e da fare a Firenze?"- "Eh, tantissimo, assolutamente da vedere sono i musei. Gli Uffizi, Palazzo Vecchio ad esempio. Potete vedere opere di grandi artisti, come Michelangelo, Botticelli, Leonardo. Potete fare un giro della città e vedere le chiese e il ponte Vecchio. In questo opuscolo ci sono tutte le informazioni sugli orari di apertura e sui prezzi" – "Grazie mille", dici.

Decidiamo di andare al museo degli Uffizi. Oggi non è chiuso, è aperto dalle nove alle venti. Siamo fortunati. Dobbiamo solo contare da ventiquattro a undici per raggiungerlo. Ventiquattro, ventitré, ventidue, ventuno, venti, diciannove, diciotto, diciassette, sedici, quindici, quattordici, tredici, dodici, undici.

Ecco il museo. Dobbiamo comprare i biglietti, perciò saluti l'impiegato e chiedi due biglietti. "Tariffa ridotta?", ti chiede lui. "No, quant'è?" – "Sei euro e cinquanta". Paghi ed entri a vedere tutte le meraviglie dell'arte. Stai alla grande. Che capolavori!

E adesso dobbiamo tornare indietro. Undici, dodici, tredici, quattordici, quindici, sedici, diciassette, diciotto, diciannove, venti, ventuno, ventidue, ventitré, ventiquatto. Andiamo a prendere la nuvola su cui siamo venuti. Saliamo sulla nuvola e lentamente voliamo in alto nel cielo. Vediamo Firenze dall'alto, diventa sempre più piccola. E noi saliamo sempre più in alto, sempre più in alto, nel cielo. E molto lentamente ritorniamo al posto da cui siamo partiti. E molto lentamente cominci a muovere i piedi, le braccia, le dita e le mani. Apri gli occhi, stai bene e parli l'italiano sempre meglio. Bentornat<u>o</u>.

Episodio cinque – Le domande

Answer in Italian:

Rispondi in italiano:

What are the days of the week?

Quali sono i giorni della settimana?

What does "indovina" mean?

Cosa significa "indovina"?

How do you ask: Have you ever been to Florence?

Come chiedi a una persona se è stata già a Firenze?

What can you find at every street in Florence?

Cosa puoi trovare in ogni strada di Firenze?

What can you see in Florence?

Cosa puoi vedere a Firenze?

Is the Offizi museum open or closed?

Il museo degli Uffizi è aperto o chiuso?

What time is the museum open?

A che ora apre il museo?

How do you count from 24 to 11?

Come si conta da 24 a 11?

And from 10 to 1?

E da 10 a 1?

What do you have to buy to enter in the museum?

Cosa devi comprare per entrare nel museo?

If you have to pay less than the normal fare, what do you pay?

Se devi pagare meno della tariffa normale, cosa devi pagare?

How do you say "how much is it?"

Se vuoi sapere il prezzo del biglietto, come dici?

What do you see in the museum?

Cosa vedi nel museo?

How do you feel?

Come ti senti?

How does Florence get when you are up in the sky?

Come diventa Firenze quando sei in alto nel cielo?

To do shopping
Fare shopping
Episodio sei – Bilingual Version

Trova un posto comodo, sedut<u>o</u> su una sedia o su un tappeto.
Forse preferisci coricarti sul pavimento. Chiudi gli occhi e rilassati. Concentrati sui battiti del tuo cuore, sulla tua
respirazione. Inspira lentamente dal naso, espira dalla bocca.
Immagina il numero tre, imagine the number "tre", e senti la
parola "tre", and hear the word "tre". Rilassa tutto il tuo corpo, dalla testa ai piedi, il collo, le spalle, le braccia, le mani, il
petto, la pancia, le gambe, i piedi. Adesso immagina il numero
due e senti la parola "due". E adesso senti il numero uno e
immagina un fiore, a flower, o una pianta, a plant. Il fiore o la
pianta sono molto belli. Respira profondamente.

Sei insieme a Francesca, you're with Francesca, **una tua cara amica italiana,** a dear friend of yours. **Siete nel centro di una città italiana, la tua città preferita. Sei content<u>o</u>, oggi andate a fare shopping**, today you go shopping. **Francesca è molto simpatica e allegra,** is nice and cheerful. **Ti piace stare in sua compagnia,** you like being in her company.

Decidete di entrare in un grande negozio di vestiti, you decide to enter into a big clothes shop. **Quante belle cose,** how many beautiful things, **e quanti bei colori,** and what beautiful colors! **Ci sono tanti vestiti,** there are many clothes: **maglioni rosa,** pink sweaters, **giacche blu e azzurre**, dark blue and light blue jackets, **pantaloni gialli,** yellow trousers, **camicie bianche**, white shirts, **camicette di tutti i colori**, blouses of every color, **completi eleganti**, elegant suits.

C'è un **maglione a strisce,** a striped sweater, **che ti piace molto**, that you like much. **Che bello! Anche Francesca pensa che sia molto bello,** Francesca thinks too that it is very beautiful. **Decidi di provarlo,** you decide to try it on, **così chiedi alla commessa,** so you ask the shop assistant: **"Posso provarlo?" Sorridendo,** smiling, **risponde: "Ma certo che può provarlo!** Of course you can try it on!" - **"Ce l'avete nella taglia media?** Do you have it medium sized?" **La commessa lo cerca e lo trova,** the shop assistant looks for it and finds it. **"Eccolo qui", dice con entusiasmo,** says with enthusiasm. **"Dove sono i camerini?** Where are the fitting rooms?", **chiedi. E lei risponde: "Sono lì a sinistra,** they're there on the left". **Ringrazi e vai a provare il maglione,** you thank and go and try the sweater on. **Dopo un po' esci dal camerino,** after a while you go out of the fitting room, **e chiedi a Francesca: "Come mi sta?** How does it look on me?". **Ti guarda con attenzione,** she looks at you carefully, **poi, sorridendo, ti dice: "Ti sta benissimo!** It looks great on you! **Non è troppo piccolo,** it's not too small, **o troppo grande,** or too big. **Ti sta benissimo"** – **"Mi hai convinto.** You convinced me. **Lo prendo.** I'll take it", you say. **La commessa si avvicina e ti chiede,** the shop assistant approaches you and asks you: **"Desidera provarne altri?** Would you like to try on more of them?" - **"No, grazie, magari un'altra volta.** No, thank you. Perhaps another time. **Quanto costa il maglione?** How much does the sweater cost?", **chiedi. "Costa solo trentanove euro",** risponde **la commessa. Tu e Francesca vi guardate e dite contemporaneamente,** you and Francesca look at each other and say at the same time: **"Ma è davvero un affare!** It's a real bargain!"

Vi avvicinate alla cassa e salutate la cassiera, the cashier, **che risponde molto gentilmente. "Prendo il maglione a strisce",** dici. **"Benissimo, come desidera pagare?** Very well, how do you want to pay? **Con la carta di credito o in contanti?** By credit card or cash?", **chiede lei. "In contanti, quant'è?", dici tu. Paghi i trentanove euro ed esci dal negozio insieme a Francesca. Hai fatto un bell'acquisto,** you made a bargain. **E hai parlato molto bene in italiano. Complimenti! Francesca ti guarda con ammirazione.** Francesca looks at you with admiration. **È fiera di te,** she's proud of you. **Fate una bella passeggiata rilassante,** you take a nice and relaxing stroll, **e parlate piacevolmente in italiano,** and you pleasantly talk in Italian.

E adesso ritorna nel posto dove tutto è cominciato. Molto lentamente, comincia a muovere i piedi, la testa, le braccia. Comincia a respirare normalmente. E adesso apri gli occhi. Sei felice e soddisfatto, happy and satisfied.

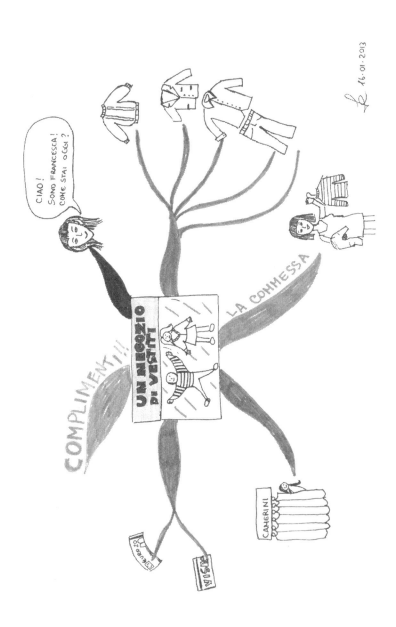

Episodio sei – Le note

Puoi anche dire **"fare acquisti"** o **"fare compere"** con il significato di **"fare shopping"**.

You can also say "fare acquisti" or "fare compere" meaning "fare shopping".

Se "il maglione è troppo piccolo", "ti sta stretto". Se "il maglione è troppo grande", "ti sta largo".

If "the sweater is too small", "it fits you tight". If "the sweater is too big", "it fits you loose".

Per quanto riguarda la taglia, i vestiti hanno spesso l'etichetta "large" (grande), "medium" (media) e "small" (piccola).

As far as la taglia is concerned, clothes are often labeled as "large" (grande), "medium" (media) and "small" (piccola).

Fare shopping
Episodio sei – Solo italiano

Trova un posto comodo, seduto su una sedia o su un tappeto. Forse preferisci coricarti sul pavimento. Chiudi gli occhi e rilassati. Concentrati sui battiti del tuo cuore, sulla tua respirazione. Inspira lentamente dal naso, espira dalla bocca. Immagina il numero tre, "tre", e senti la parola "tre". Rilassa tutto il tuo corpo, dalla testa ai piedi, il collo, le spalle, le braccia, le mani, il petto, la pancia, le gambe, i piedi. Adesso immagina il numero due e senti la parola "due". E adesso senti il numero uno e immagina un fiore, o una pianta. Il fiore o la pianta sono molto belli. Respira profondamente.

Sei insieme a Francesca, una tua cara amica italiana. Siete nel centro di una città italiana, la tua città preferita. Sei contento, oggi andate a fare shopping. Francesca è molto simpatica e allegra. Ti piace stare in sua compagnia.

Decidete di entrare in un grande negozio di vestiti. Quante belle cose e quanti bei colori! Ci sono tanti vestiti: maglioni rosa, giacche blu e azzurre, pantaloni gialli, camicie bianche, camicette di tutti i colori, completi eleganti.

C'è un maglione a strisce che ti piace molto. Che bello! Anche Francesca pensa che sia molto bello. Decidi di provarlo, così chiedi alla commessa: "Posso provarlo?" Sorridendo, risponde: "Ma certo che può provarlo!" - "Ce l'avete nella taglia media?", chiedi. La commessa lo cerca e lo trova. "Eccolo qui", dice con entusiasmo. "Dove sono i camerini?", chiedi. E lei risponde: "Sono lì a sinistra". Ringrazi e vai a provare il maglione. Dopo un po' esci dal camerino e chiedi a Francesca: "Come mi sta?" Ti guarda con attenzione, poi, sorridendo, ti dice: "Ti sta benissimo. Non è troppo piccolo o troppo grande. Ti sta benissimo" – "Mi hai convinto", dici, "lo prendo". La commessa si avvicina e ti chiede: "Desidera provarne altri?"- "No, grazie, magari un'altra volta. Quanto costa il maglione?", chiedi. "Costa solo trentanove euro", risponde la commessa. Tu e Francesca vi guardate e dite contemporaneamente: "Ma è davvero un affare!"

Vi avvicinate alla cassa e salutate la cassiera, che risponde molto gentilmente. "Prendo il maglione a strisce", dici. "Benissimo, come desidera pagare? Con la carta di credito o in contanti?", chiede lei. "In contanti, quant'è?", dici tu. Paghi i trentanove euro ed esci dal negozio insieme a Francesca. Hai fatto un bell'acquisto. E hai parlato molto bene in italiano. Complimenti. Francesca ti guarda con ammirazione. È fiera di te. Fate una bella passeggiata rilassante e parlate piacevolmente in italiano.

E adesso ritorna nel posto dove tutto è cominciato. Molto lentamente, comincia a muovere i piedi, la testa, le braccia. Comincia a respirare normalmente. E adesso apri gli occhi. Sei felice e soddisfatto.

Episodio sei — Le domande

Answer in Italian:

Rispondi in italiano:

Where are you and Francesca today?

Dove siete tu e Francesca oggi?

What are you going to do together?

Cosa volete fare oggi?

What can you see in the clothes shop?

Cosa puoi vedere nel negozio di vestiti?

What do you like?

Cosa ti piace?

Can you try it on?

Puoi provarlo?

Where can you try it on?

Dove puoi provarlo?

How do you say "it looks great on you?"

Se un vestito è bello su di te, come si dice?

Which size do you ask for?

Che taglia chiedi?

How do you ask for the price?

Come chiedi per sapere il prezzo?

How do you say "it is a real bargain"?

Come dici se il prezzo è molto basso e la qualità è ottima?

How do you pay? Cash or by credit card?

Come paghi? In contanti o con la carta di credito?

What do you and Francesca do after shopping?

Cosa fate tu e Francesca dopo lo shopping?

How did you speak Italian?

Come hai parlato in italiano?

Was Francesca proud of you?

Francesca era fiera di te?

At the restaurant

Al ristorante

Episodio sette – Bilingual version

Trova un posto comodo, seduto su una sedia o su un tappeto.
Forse preferisci coricarti sul pavimento. Chiudi gli occhi e rilassati. Concentrati sui battiti del tuo cuore, sulla tua
respirazione. Inspira lentamente dal naso, espira dalla bocca.
Senti la tua testa, il tuo collo e le spalle che si rilassano. Rilassati. Senti tutto il tuo corpo che si rilassa, fino ai piedi.
Rilassati.

E adesso saliamo sull'aereo della nostra fantasia e partiamo
per l'Italia. Atterriamo all'ora di pranzo, we land at lunch time.
Ho portato con me due amici, I took two friends along. Si
chiamano Francesco e Tiziana, their names are Francesco and

Tiziana. **Attraversiamo la strada e vediamo un piccolo ristorante**, we cross the street and see a little restaurant. **"Andiamo a mangiare", suggerisci**, you suggest. **"Ho fame. E voi?** I am hungry, and you?", **chiedi. "Anche noi**, we too", **rispondiamo. Ci fermiamo a guardare il menù all'esterno**, we stop to look at the menu outside. **Il ristorante è molto accogliente**, the restaurant looks very cozy. **Quando un ristorante è accogliente**, when a restaurant is cozy, **ci si sente come a casa**, you feel at home.

Entriamo nel ristorante e subito il cameriere si avvicina e ci saluta, we get into the restaurant and the waiter immediately approaches us and says hello. **"Un tavolo per quattro, per favore", dici. Il cameriere ci porta ad un tavolo**, brings you to a table, **con molte piante verdi e fiori colorati**, with many green plants and colorful flowers. **"Va bene?** Is this one good?", **chiede il cameriere. "Sì, grazie". Dopo un po'**, after a while, **il cameriere porta il menù.**

Lo leggi, you read it. **Antipasti**, appetizers: **antipasto della casa,**
, house starter, **con affettati misti locali**, with local sliced salami, **bresaola rucola e grana**, cured raw beef and Grana cheese, **caprese**, salad made from tomatoes, mozzarella and basil. **Primi**

piatti, first courses: **spaghetti alla carbonara,** spaghetti with eggs and bacon, **pennette al pesto,** pasta with typical Genova sauce, **gnocchi al ragù,** dumplings with meat sauce, **lasagne. Secondi piatti,** second courses: **scaloppine al limone,** lemon escalopes, **grigliata di carne mista,** mixed grilled meat, **e di pesce,** fish. **Contorni,** side dishes: **insalata mista,** mixed salad, **patate fritte,** fried potatoes, **o al forno,** or oven made. **Bevande**, beverages: **vino della casa,** house wine, **rosso o bianco,** red or white.

Dopo dieci minuti torna il cameriere, after ten minutes the waiter comes back. **"Possiamo ordinare?** Can we order? **Prendo pennette al pesto e una scaloppina al limone con patate fritte",** **dici con sicurezza,** you say with confidence. **"E da bere?** And to drink?" - **"Una bottiglia di vino rosso della casa, per favore,** a bottle of the house red wine, please, **e una bottiglia di acqua minerale,** and a bottle of mineral water". **Anche gli altri ordinano lo stesso,** the others order the same too. **"Mi piace molto la pasta,** I like pasta very much. **Mi piacciono le pennette. I like le Pennette",** dici.

Trascorriamo una giornata piacevole, ridiamo molto e stiamo molto bene insieme, we spend a nice day, we laugh a lot and we get along well. **Dopo il pranzo decidi di ordinare un dolce,** after the meal you decide to order a dessert. **Puoi scegliere tra il tiramisù o il famoso tartufo di Pizzo,** you can choose between the tiramisù or the famous Pizzo's tartufo, **fatto di cioccolato,** made of chocolate, **ricoperto di cacao in polvere,** covered with cocoa. **Che buono! Che sapore!** What a taste! **Delizioso!** Delicious! **I tuoi amici chiedono il conto** your friends ask for the bill: **"Il conto, per favore". Offrono loro,** they buy you the lunch. **"Offriamo noi", dicono. "Grazie mille", dici.**

E ora ritorna al posto dove tutto è comiciato. Il tuo aereo ti riporta a casa. Molto lentamente, comincia a muovere i tuoi piedi, la testa, le spalle. Comincia a respirare normalmente. E adesso apri gli occhi. Sei soddisfatto e felice. Bentornato.

Episodio sette – le note

In un ristorante puoi incontrare **un cameriere o una cameriera.**

In a restaurant you can meet a waiter or a waitress.

In un ricco e tipico **pranzo italiano** dovresti mangiare:

In a typical and rich Italian lunch you are supposed to eat:

un antipasto

a starter

un primo piatto (riso, pasta o zuppa)

a first course (rice, pasta or soup)

un secondo piatto (carne o pesce)

a second course (meat or fish)

un contorno (patate o insalata)

a side dish (potatoes or salad)

frutta

caffè

Al ristorante
Episodio sette — Solo italiano

Trova un posto comodo, seduto su una sedia o su un tappeto. Forse preferisci coricarti sul pavimento. Chiudi gli occhi e rilassati. Concentrati sui battiti del tuo cuore, sulla tua respirazione. Inspira lentamente dal naso, espira dalla bocca. Senti la tua testa, il tuo collo e le spalle che si rilassano. Rilassati. Senti tutto il tuo corpo che si rilassa, fino ai piedi. Rilassati.

E adesso saliamo sull'aereo della nostra fantasia e partiamo per l'Italia. Atterriamo all'ora di pranzo. Ho portato con me due amici. Si chiamano Francesco e Tiziana. Attraversiamo la strada e vediamo un piccolo ristorante. "Andiamo a mangiare", suggerisci. "Ho fame. E voi?", chiedi. "Anche noi", rispondiamo. Ci fermiamo a guardare il menù all'esterno. Il ristorante è molto accogliente. Quando un ristorante è accogliente ci si sente come a casa.

Entriamo nel ristorante e subito il cameriere si avvicina e ci saluta. "Un tavolo per quattro, per favore", dici. Il cameriere ci porta ad un tavolo con molte piante verdi e fiori colorati. "Va bene?", chiede il cameriere. "Sì, grazie". Dopo un po' il cameriere porta il menù.

Lo leggi. Antipasti: antipasto della casa, con affettati misti locali, bresaola rucola e grana, caprese. Primi piatti: spaghetti alla carbonara, pennette al pesto, gnocchi al ragù, lasagne. Secondi piatti: scaloppine al limone, grigliata di carne mista e di pesce. Contorni: insalata mista, patate fritte, o al forno. Bevande: Vino della casa, rosso o bianco.

Dopo dieci minuti torna il cameriere. "Possiamo ordinare? Prendo pennette al pesto e una scaloppina al limone con patate fritte", dici con sicurezza. "E da bere?" - "Una bottiglia di vino rosso della casa, per favore. E una bottiglia di acqua minerale". Anche gli altri ordinano lo stesso. "Mi piace molto la pasta. Mi piacciono le pennette", dici. Trascorriamo una giornata piacevole, ridiamo molto e stiamo molto bene insieme.

Dopo il pranzo decidi di ordinare un dolce. Puoi scegliere tra il tiramisù o il famoso tartufo di Pizzo, fatto di cioccolato, ricoperto di cacao in polvere. Che buono! Che sapore! Delizioso! I tuoi amici chiedono il conto: "Il conto, per favore". Offrono loro. "Offriamo noi", dicono. "Grazie mille", dici.

E ora ritorna al posto dove tutto è comiciato. Il tuo aereo ti riporta a casa. Molto lentamente, comincia a muovere i tuoi piedi, la testa, le spalle. Comincia a respirare normalmente. E adesso apri gli occhi. Sei soddisfat<u>to</u> e felice. Bentornat<u>o</u>.

Episodio sette – Le domande

Rispondi in italiano:

Answer in Italian:

A che ora arriviamo in Italia?

What time do we arrive to Italy?

Con chi siamo?

Who are we with?

Com'è il ristorante?

What is the restaurant like?

Cosa chiediamo al cameriere?

What do we ask the waiter for?

Ricordi qualche piatto del menù?

Do you remember any of the dishes in the menu?

Cosa ordini?

What do you order?

Che tipo di vino ordini?

What kind of wine do you order?

Ti piacciono le pennette?

Do you like le pennette?

Prendi il dolce?

Do you have a dessert?

Chi paga?

Who pays?

Giochiamo al ristorante!

Let's play restaurant!

Immagina di essere in un ristorante italiano.

Cosa vedi?

Cosa dici?

Cosa senti?

Cosa fai?

A family of Naples
Una famiglia di Napoli

Episodio otto — Bilingual version

Trova un posto comodo. Siediti su una sedia o su un tappeto. Se vuoi, coricati. Adesso chiudi gli occhi. Ascolta i battiti del tuo cuore. Concentrati sulla tua respirazione. Respira lentamente, sempre più lentamente, inspirando dal naso ed espirando dalla bocca. Le distrazioni e le preoccupazioni perdono importanza. Immagina di essere nel tuo posto preferito per rilassarti. Forse sei in spiaggia, at the beach, o al lago, at the lake, oppure ancora in campagna, on the countryside, nella natura, in the nature, o a casa tua, at your place. Respira lentamente e comincia a rilassare dalla testa ai piedi. Immagina la luce del sole che ti riscalda. La luce del sole rilassa il collo e la faccia, il petto e la pancia, le spalle, le braccia, le mani e le dita. Adesso rilassa i piedi e le gambe. Sei completamente rilassa**to** e stai respirando lentamente.

Stai per fare un viaggio, you're about to take a trip, **per andare a trovare una famiglia italiana,** to visit an Italian family, **che vive a Napoli, in Campania. Napoli è famosa nel mondo per la pizza,** Naples is famous in the world for pizza, **per la sua gente molto simpatica,** for its very nice people, **e per Pulcinella, la sua famosa maschera di carnevale,** its famous carnival stock comic. **Tutta la famiglia ti sta aspettando di fronte alla casa,** the whole family is waiting for you in front of the house. **Dici: "Che sorpresa!** What a surprise!" **e abbracci tutti,** and you hug everyone. **Ti dicono: "Andiamo a prendere un buon caffè,** let's go and take a good coffee!" **Sorridi, sai che a Napoli bere un caffè è sinonimo di stare in compagnia, di chiacchierare,** you know that in Naples drinking a coffee means staying together, to chat.

Ti siedi al tavolo, you sit down at the table, **con i tuoi amici,** with your friends. **E conti le persone. Uno, due, tre, quattro, cinque, sei, sette, otto, nove, dieci e undici. Ci sono undici persone,** there are 11 people. **Ci sono i genitori,** the parents, **il padre e la madre,** the father and the mother, **Pasquale e Ro-**

mania. **Pasquale è un po' basso e castano,** he's short and brown haired. **È un imprenditore agricolo.** He's an independent farmer. **Anche Romania è bassa e castana, è una bella donna,** Romania is also short and brown haired, she's a beautiful woman. **Fa la ragioniera,** she's an accountant, **e lavora per il marito,** she works for the husband. **Hanno due figli,** they have two children, **Antonio ed Alessia. Antonio ha diciassette anni,** he's seventeen years old. **È molto intelligente,** he's very intelligent. **Ama imparare le lingue straniere,** he loves to learn foreign languages. **Alessia è una bambina di otto anni,** she's a little girl, eight years old. **È la sorella di Antonio. Ha i capelli lunghi e ricci,** she has long and curly hair. **Va a scuola e le piace giocare con le amiche,** she goes to school and likes to play with her friends.

Ah, ecco che arriva lo zio Vittorio! There comes Uncle Vittorio! **È il fratello di Romania,** he's Romania's brother. **È alto, biondo e porta la barba,** he's tall, blond and he has a beard. **È molto divertente,** he's very funny, **e dà sempre dolci ai bambini,** he always gives candies to the children. **Fa il pizzaiolo,** he's pizza chef, **fa la pizza più buona di Napoli,** he makes the best pizza in Naples. **Sua moglie è la zia Rosa,** his wife is aunt Rosa. **Anche lei è molto simpatica,** she's very nice too. **È bionda e magra,** she's blond and thin. **Le piace molto cucinare,** she likes much to cook.

Hanno tre figli, they have three children: **Andrea e Nicola, che sono gemelli,** who are twins, **e hanno quasi quattro anni,** they're almost four. **Sono molto attivi,** they are very active. **La loro sorellina,** their little sister, **è una bimba di nove mesi,** she's a nine-month-old baby. **Ancora non cammina,** she still doesn't walk, **ma lo farà tra poco,** but she will in a while. **È bionda e carina,** she's blond and cute. **Ha gli occhi azzurri,** she has blue eyes, **e sorride molto,** and she smiles a lot. **Si chiama Elena,** her name is Elena. **Andrea, Nicola ed Elena sono i cugini di Alessia e Antonio,** they are Alessia and Antonio's cousins.

Ci sono anche i nonni, the grandparents are there too. **Sono molto anziani,** they're very old. **Hanno i capelli bianchi,** they have white hair. **Sono molto molto innamorati,** they're so in love with each other, **sono molto carini,** they are very cute. **Nonno Antonio è il papà di Pasquale,** Pasquale's father, **è in pensione,** he's retired. **Faceva l'artigiano,** he used to be a craftsman. **Sua moglie si chiama Elvira,** his wife's name is Elvira. **La chiamiamo "nonnina",** we call her "little grandma".

Prendi il caffè e mangi una sfogliatella, you have the coffee and eat a "sfogliatella", **un dolce tipico napoletano,** a typical Naples pastry. **Trascorri un piacevole pomeriggio con i tuoi amici,** you spend a pleasant afternoon with your friends. **Adesso devi tornare,** now you need to come back, **nel posto dove tutto è cominciato. Muovi i piedi, la testa, le spalle e molto lentamente, apri gli occhi. Sei felice e rilassat<u>o</u>. Ti piace molto imparare l'italiano.**

Episodio otto – Le note

Napoli è famosa non solo per la **pizza** e **Pulcinella**, ma anche per la sua musica. Ha mai sentito la canzone "**'O sole mio**"?

Napoli is famous not only for pizza and Pulcinella, but also for its music. Have you ever heard the song "'O sole mio"?

Per sapere cosa fa qualcuno nella vita, puoi chiedere **"Che lavoro fai?"** La mia risposta è: **"Faccio l'insegnante"**.

*To know what someone does in life, you can ask: "**Che lavoro fai?**" [lit.: what job do you do?]. I would answer like this: "**Faccio l'insegnante**" [lit.: I do the teacher].*

Una famiglia napoletana
Episodio otto — Solo italiano

Trova un posto comodo. Siediti su una sedia o su un tappeto. Se vuoi, coricati. Adesso chiudi gli occhi. Ascolta i battiti del tuo cuore. Concentrati sulla tua respirazione. Respira lentamente, sempre più lentamente, inspirando dal naso ed espirando dalla bocca. Le distrazioni e le preoccupazioni perdono importanza. Immagina di essere nel tuo posto preferito per rilassarti. Forse sei in spiaggia, o al lago, oppure ancora in campagna, nella natura, o a casa tua. Respira lentamente e comincia a rilassare dalla testa ai piedi. Immagina la luce del sole che ti riscalda. La luce del sole rilassa il collo e la faccia, il petto e la pancia, le spalle, le braccia, le mani e le dita. Adesso rilassa i piedi e le gambe. Sei completamente rilassato e stai respirando lentamente.

Stai per fare un viaggio, per andare a trovare una famiglia italiana, che vive a Napoli, in Campania. Napoli è famosa nel mondo per la pizza, per la sua gente molto simpatica, e per Pulcinella, la sua famosa maschera di carnevale. Tutta la famiglia ti sta aspettando di fronte alla casa. Dici: "Che sorpresa!"

e abbracci tutti. Ti dicono: "Andiamo a prendere un buon caffè". Sorridi, sai che a Napoli bere un caffè è sinonimo di stare in compagnia, di chiacchierare.

Ti siedi al tavolo, con i tuoi amici. E conti le persone. Uno, due, tre, quattro, cinque, sei, sette, otto, nove, dieci e undici. Ci sono undici persone. Ci sono i genitori, il padre e la madre, Pasquale e Romania. Pasquale è un po' basso e castano. È un imprenditore agricolo. Anche Romania è bassa e castana, è una bella donna. Fa la ragioniera e lavora per il marito. Hanno due figli, Antonio ed Alessia. Antonio ha diciassette anni. È molto intelligente. Ama imparare le lingue straniere. Alessia è una bambina di otto anni. È la sorella di Antonio. Ha i capelli lunghi e ricci. Va a scuola e le piace giocare con le amiche.

Ah, ecco che arriva lo zio Vittorio! È il fratello di Romania. È alto, biondo e porta la barba. È molto divertente e dà sempre dolci ai bambini. Fa il pizzaiolo, fa la pizza più buona di Napoli. Sua moglie è la zia Rosa. Anche lei è molto simpatica. È bionda e magra. Le piace molto cucinare.

Hanno tre figli: Andrea e Nicola, che sono gemelli e hanno quasi quattro anni. Sono molto attivi. La loro sorellina è una bimba di nove mesi. Ancora non cammina, ma lo farà tra poco. È bionda e carina. Ha gli occhi azzurri e sorride molto. Si chiama Elena. Andrea, Nicola ed Elena sono i cugini di Alessia e Antonio.

Ci sono anche i nonni. Sono molto anziani. Hanno i capelli bianchi. Sono molto innamorati, sono molto carini. Nonno Antonio è il papà di Pasquale. È in pensione. Faceva l'artigiano. Sua moglie si chiama Elvira. La chiamiamo "nonnina".

Prendi il caffè e mangi una sfogliatella, un dolce tipico napoletano. Trascorri un piacevole pomeriggio con i tuoi amici. Adesso devi tornare, nel posto dove tutto è cominciato. Muovi i piedi, la testa, le spalle e molto lentamente, apri gli occhi. Sei felice e rilassato. Ti piace molto imparare l'italiano.

Episodio otto – Le domande

Rispondi in italiano:

Answer in Italian:

Dove vai oggi?

Where are you going today?

Per cosa è famosa Napoli?

What is Napoli famous for?

Di cosa è sinonimo "bere un caffè" a Napoli?

What does "bere un caffé" mean in Napoli?

Quante persone ci sono?

How many people are there?

Ricordi qualche nome dei membri della famiglia?

Do you remember any name of the family members?

Quanti anni hanno Antonio e Alessia?

How old are Antonio and Alessia?

Cosa ama fare Antonio?

What does Antonio love to do?

Che cosa dà sempre zio Vittorio ai bambini?

What does zio Vittorio always give to the children?

Com'è la sorella di Antonio?

What is Antonio's sister like?

Cosa fa spesso Elena?

What does Elena often do?

Chi ti piace di più in questa famiglia italiana?

Who do you like the most in this Italian family?

Come chiamiamo Elvira?

How do we call Elvira?

9

A birthday party
Una festa di compleanno
Episodio nove — Bilingual version

Trova un posto comodo. Siediti su una sedia o su un tappeto. Se vuoi, coricati. Adesso chiudi gli occhi. Fai tre respiri profondi e comincia a rilassare tutti i muscoli del tuo corpo, take three deep breaths and begin to relax all your body muscles. **Respira lentamente,** breathe slowly, **sempre più lentamente,** more slowly and more slowly, **inspirando dal naso ed espirando dalla bocca,** breathing in through your nose and breathing out through your mouth. **Immagina di essere in un corridoio con tante porte colorate,** imagine you are in a corridor with many colored doors. **Scegli una porta, la porta del tuo colore preferito,** pick a door, the door of your favorite color. **Entra, chiudi**

dietro di te e comincia a guardarti intorno. Enter, close behind you and start looking around.

Adesso sei in una bella casa italiana, molto accogliente, e sei completamente rilassat<u>o</u> e felice, now you are in a beautiful Italian home, very cosy, and you are completely relaxed and happy. **Perché?** Why? **Perché oggi è il compleanno,** the birthday, **di Andrea e Nicola, i figli di zio Vittorio e zia Rosa. Oggi compiono quattro anni,** they're going to be four years old. **C'è una grande festa a casa loro e tu sei invitat<u>o</u>!** There is a big party at their home and you're invited! **Arrivi presto,** you arrive early. **Porti un regalo,** you bring a present, **un pallone da calcio,** a soccer ball. **I bambini stanno schiacciando un pisolino,** the children are taking a nap. **In salotto c'è un lungo tavolo con un ricco buffet,** in the living room there's a long table with a rich buffet.

La zia rosa sta parlando al telefono, is talking on the phone, **con Francesca, sua cognata,** with her sister in law. **"Ciao! Come stai? Bene?** Hi! How are you? Fine? **Ascolta,** listen, **è tutto pronto,** everything is ready, **ho fatto già la torta e ho anche comprato i pasticcini,** I already made the cake and bought pastries, **le patatine,** potato chips **i rustici, i bicchieri di carta,**

paper cups, **l'aranciata, il latte di mandorla,** almond milk, **la birra, lo spumante. Che ci manca ancora?** What do we still miss? **Ho appeso i palloncini e i festoni,** I hang balloons and festoons. **Che ci manca ancora? Ah, le candeline,** candles. **Puoi portarle?** Can you bring them? **Grazie, a più tardi,** see you later".

Gli amici cominciano ad arrivare, friends begin to arrive. **La veranda è piena di decorazioni,** the patio is full of decorations. **Andrea e Nicola si svegliano,** Andrea and Nicola wake up. **La zia Rosa li veste con i pantaloncini e una camicia bianca,** zia Rosa dresses them with shorts and a white shirt. **Che carini!** How cute. **È rientrato anche lo zio Vittorio,** Zio Vittorio has come back. **Bacia sua moglie e i suoi figli,** he kisses his wife and his children. **È sempre felice e sorridente,** he's always happy and smiling. **Sono arrivati tutti,** everyone has come.

I bambini aprono i loro regali e poi giocano e si divertono, the children open their presents, then they play and have fun, **gli adulti chiacchierano e mangiano,** the grown-ups chat and eat. **I bambini vedono il tuo regalo e sono contentissimi,** they see your present and they are very content. **Ti dicono grazie e ti danno un bacino sulla guancia.** They thank you and give you a little kiss on your cheek. **Anche tu sei molto felice,** you are very happy too.

È il momento della torta, it's cake time. **Andrea e Nicola soffiano sulle candeline,** they blow on the candles, **mentre tutti cantano,** while everyone sings: **"Tanti auguri a voi. Tanti auguri a voi. Tanti auguri ad Andrea e Nicola. Tanti auguri a voi!" Chiedi ai ragazzi: "Avete espresso un desiderio?"** You ask the kids: "Have you expressed a wish?" - **"Certo che sì!** Sure we did!" **E tutti ridono,** and everyone laughs. **Che allegria!** What a cheerfulness!

E adesso la festa è finita, the party's finished. **Devi tornare ,** you have to come back, **al posto dove tutto è cominciato,** to the place where everything has begun. **Torni alla tua porta colorata e lentamente ritorni a casa tua. Comincia a muovere le mani, i piedi, la testa. Apri gli occhi lentamente. Ti senti bene e sei molto felice. Bentornato a casa.**

Episodio nove — Le note

In Italia tutti adorano **il calcio**, persino i bambini. Ecco perché ad ogni bambino piacerebbe ricevere in regalo **un pallone da calcio**!

*In Italy everyone loves calcio, even kids. That's why every kid would love **un pallone da calcio** as a present!*

Normalmente in Italia **Andrea** e **Nicola** sono nomi **maschili**.

*in Italy **Andrea** and **Nicola** are usually **masculine** names.*

I rustici sono dei tipici snack italiani. Sono infatti un gruppo di snack. In questo gruppo ci sono anche le pizzette e le olive ascolane: olive ripiene, fritte e impanate.

*I **rustici** are typical Italian snacks. They are actually a group of snacks. They also include **pizzette**, small pizzas, and **olive ascolane**: kind of savoury eggs, with olives instead of eggs.*

Lo **spumante** è un tipico vino frizzante italiano, simile allo Champagne dei francesi. Di solito ne apriamo una bottiglia nelle **occasioni speciali**, ai compleanni e a **Capodanno**, per esempio.

Lo spumante *is a typical Italian sparkling wine, Champagne-like.*
We usually open a bottle on special celebrations, such as birth-
*days and **Capodanno** (New Year's day).*

Se festeggia il compleanno solo una persona, allora tutti cante-
ranno: **"Tanti auguri a te, tanti auguri a te!"**
If only one has birthday, then everyone will sing: "**Tanti auguri a**
te, tanti auguri a te!"

Una festa di compleanno
Episodio nove – Solo italiano

Trova un posto comodo. Siediti su una sedia o su un tappeto. Se vuoi, coricati. Adesso chiudi gli occhi. Fai tre respiri profondi e comincia a rilassare tutti i muscoli del tuo corpo. Respira lentamente, sempre più lentamente, inspirando dal naso ed espirando dalla bocca. Immagina di essere in un corridoio con tante porte colorate. Scegli una porta, la porta del tuo colore preferito. Entra, chiudi dietro di te e comincia a guardarti intorno.

Adesso sei in una bella casa italiana, molto accogliente; e sei completamente rilassat<u>o</u> e felice. Perché? Perché oggi è il compleanno di Andrea e Nicola, i figli di zio Vittorio e zia Rosa. Oggi compiono quattro anni. C'è una grande festa a casa loro e tu sei invitat<u>o</u>! Arrivi presto. Porti un regalo, un pallone da calcio. I bambini stanno schiacciando un pisolino. In salotto c'è un lungo tavolo con un ricco buffet.

La zia rosa sta parlando al telefono, con Francesca, sua cognata. "Ciao! Come stai? Bene? Ascolta. È tutto pronto. Ho fatto già la torta e ho anche comprato i pasticcini, le patatine, i rustici, i bicchieri di carta, l'aranciata, il latte di mandorla, la birra, lo spumante. Che ci manca ancora? Ho appeso i palloncini e i festoni. Che ci manca ancora? Ah, le candeline. Puoi portarle? Grazie, a più tardi".

Gli amici cominciano ad arrivare. La veranda è piena di decorazioni. Andrea e Nicola si svegliano. La zia Rosa li veste con i pantaloncini e una camicia bianca. Che carini! È rientrato anche lo zio Vittorio. Bacia sua moglie e i suoi figli. È sempre felice e sorridente. Sono arrivati tutti.

I bambini aprono i loro regali e poi giocano e si divertono, gli adulti chiacchierano e mangiano. I bambini vedono il tuo regalo e sono contentissimi. Ti dicono grazie e ti danno un bacino sulla guancia. Anche tu sei molto felice.

È il momento della torta. Andrea e Nicola soffiano sulle candeline, mentre tutti cantano: "Tanti auguri a voi. Tanti auguri a voi. Tanti auguri ad Andrea e Nicola. Tanti auguri a voi!" Chiedi ai ragazzi: "Avete espresso un desiderio?" - "Certo che sì!" E tutti ridono. Che allegria!

E adesso la festa è finita. Devi tornare, al posto dove tutto è cominciato. Torni alla tua porta colorata e lentamente ritorni a casa tua. Comincia a muovere le mani, i piedi, la testa. Apri gli occhi lentamente. Ti senti bene e sei molto felice. Bentornato a casa.

Episodio nove – Le domande

Rispondi in italiano:

Answer in Italian:

Dove sei oggi?

Where are you today?

Cosa succede oggi?

What happens today?

Di chi è il compleanno oggi?

Whose birthday is today?

Cosa porti?

What do you bring?

Con chi sta parlando la zia Rosa?

Who is la zia Rosa talking with?

Cosa puoi vedere sul tavolo?

What can you see on the buffet table?

Di cosa ha ancora bisogno la zia Rosa?

What does she still need?

Come veste i bambini la zia Rosa?

How does la zia Rosa dress the children?

Cosa fanno i bambini? E gli adulti?

What do the children do? And the grown-ups?

Come reagiscono i bambini al tuo regalo?

How do the children react to your present?

Cosa cantano tutti al momento della torta?

What does everyone sing at cake time?

Cosa chiedi ai bambini subito quando soffiano sulle candeline?

What do you ask the children when they blow the candles?

10

The four seasons
Le quattro stagioni
Episodio dieci — Bilingual version

Trova un posto comodo. Siediti su una sedia o su un tappeto.
Se vuoi, coricati. Disincrocia le gambe e adesso chiudi gli occhi.
Concentrati sulla tua respirazione. Ascolta i battiti del tuo cuore. Respira lentamente, sempre più lentamente, inspirando
dal naso ed espirando dalla bocca. Respira lentamente e comincia a rilassare dalla testa ai piedi. Immagina, in questo
momento, di trovarti in un bellissimo giardino, un giardino che
forse conosci già. Passeggia tranquillamente in questo bellissimo luogo e sentiti sempre più rilassato. Adesso sei
completamente rilassato.

Guarda! Look! **Ci sono quattro porte di fronte a te,** there are four doors in front of you. **La prima dice,** the first one says: "e-state", "summer." **Apri la porta,** open the door. **Entra!** Come in! **C'è un lago azzurro,** a blue lake. **È molto grande,** it's very large. **L'erba e gli alberi sono verdi,** the grass and the trees are green. **Il cielo è azzurro. C'è il sole. Nel lago ci sono delle barche,** there are boats in the lake. **Tanti bambini giocano sulla riva,** many children are playing on the shore. **Alcuni ragazzi ascoltano le loro radio,** some boys are listening to their radios. **Altri giocano a calcio,** others are playing soccer. **C'è una famiglia che fa un giro in bicicletta,** a family goes around on bicycles. **Una ragazza in costume da bagno,** a girl in a bathing suit, **compra un gelato,** buys an ice cream. **Comprane uno anche tu!** Buy one too! **Assaggialo!** Try it! **Che buono!**

Adesso passa dalla seconda porta, the second door, **che dice:** "autunno", "autumn." **Fa fresco,** the air is cool. **Gli alberi hanno cambiato colore,** the trees have changed color. **Le foglie,** the leaves, **sono rosse, arancioni, gialle. Le foglie cadono sull'erba secca,** they fall on the dry grass. **Comincia a piovere,** it begins to rain. **C'è vento,** it's windy. **Alcune ragazze camminano per la strada,** some girls are walking on the street. **Parlano italiano,** they're speaking Italian. **Indossano maglioni e sciarpe,** they're wearing sweaters and scarves, **e hanno l'ombrello in mano,** and they have umbrellas in their hands.

E adesso passa dalla terza porta, the third door. **Questa porta dice: "inverno",** this door says: "winter. **Il cielo è grigio,** the sky is grey. **Fa freddo!** It's cold! **Sta nevicando,** it's snowing. **Guarda! Dei bambini stanno pattinando sul ghiaccio,** some children are ice-skating. **Indossano giubbotti,** they're wearing parkas, **berretti di lana,** wool hats, **pantaloni pesanti,** warm trousers. **Passa una famiglia, i membri della famiglia portano con loro degli sci,** a family passes carrying skis. **Vanno a sciare,** they're going to ski. **Sono molto contenti.**

E adesso passa dalla quarta porta, the fourth door, **che dice: "primavera", "**spring". **Che bella giornata!** What a beautiful day! **Il cielo è azzurro,** light blue. **Vedi un campo di fiori,** you see a field of flowers. **Che profumi fantastici!** What wonderful smells! **Ci sono le rose,** roses, **e i garofani,** and carnations. **Che bei colori!** What wonderful colors, **fiori gialli, rossi, rosa, bianchi. Splende il sole,** the sun shines. **Tutto è nuovo, tutto è bello. Ammira la natura,** admire the nature. **E ricorda che parli l'italiano molto bene. Ripeti mentalmente: io parlo l'italiano molto bene.**

E adesso ritorna al posto dove tutto è cominciato. Muovi i piedi, le braccia, la testa. Respira normalmente e apri gli occhi.
Bentornato! Sei felice e pieno di energie!

Episodio dieci – Le note

Sai che i famosi **concerti** per violino "**le quattro stagioni**" furono composti da Antonio Vivaldi nel 1725 ?

*Do you know that the famous violin concerts "**le quattro stagioni**" were composed by the Italian Vivaldi in 1725?*

Uno dei più famosi **laghi** italiani è il **Lago di Como**. Sai dove si trova?

*One of the most famous lakes in Italy is **Lago di Como**. Do you know where it is?*

Cortina d'Ampezzo è una delle più famose località sciistiche in Italia. Ne abbiamo molte altre. Hai mai sentito parlare del**la Sila**?

*Cortina d'Ampezzo is one of the many famous sky resorts in Italy. We have many more. Have you heard about **la Sila**?*

Le quattro stagioni
Episodio dieci — Solo italiano

Trova un posto comodo. Siediti su una sedia o su un tappeto. Se vuoi, coricati. Disincrocia le gambe e adesso chiudi gli occhi. Concentrati sulla tua respirazione. Ascolta i battiti del tuo cuore. Respira lentamente, sempre più lentamente, inspirando dal naso ed espirando dalla bocca. Respira lentamente e comincia a rilassare dalla testa ai piedi. Immagina, in questo momento, di trovarti in un bellissimo giardino, un giardino che forse conosci già. Passeggia tranquillamente in questo bellissimo luogo e sentiti sempre più rilassat<u>o</u>. Adesso sei completamente rilassat<u>o</u>.

Guarda! Ci sono quattro porte di fronte a te. La prima dice: "estate". Apri la porta, entra! C'è un lago azzurro. È molto grande. L'erba e gli alberi sono verdi. Il cielo è azzurro. C'è il sole. Nel lago ci sono delle barche. Tanti bambini giocano sulla riva. Alcuni ragazzi ascoltano le loro radio. Altri giocano a calcio. C'è una famiglia che fa un giro in bicicletta. Una ragazza in costume da bagno compra un gelato. Comprane uno anche tu! Assaggialo! Che buono!

Adesso passa dalla seconda porta, che dice: "autunno". Fa fresco. Gli alberi hanno cambiato colore. Le foglie sono rosse, arancioni, gialle. Le foglie cadono sull'erba secca. Comincia a piovere. C'è vento. Alcune ragazze camminano per la strada. Parlano italiano. Indossano maglioni e sciarpe, e hanno l'ombrello in mano.

E adesso passa dalla terza porta. Questa porta dice: "inverno". Il cielo è grigio. Fa freddo! Sta nevicando. Guarda! Dei bambini stanno pattinando sul ghiaccio. Indossano giubbotti, berretti di lana, pantaloni pesanti. Passa una famiglia, i membri della famiglia portano con loro degli sci. Vanno a sciare. Sono molto contenti.

E adesso passa dalla quarta porta, che dice: "primavera". Che bella giornata! Il cielo è azzurro. Vedi un campo di fiori. Che profumi fantastici! Ci sono le rose e i garofani. Che bei colori! Fiori gialli, rossi, rosa, bianchi. Splende il sole. Tutto è nuovo, tutto è bello. Ammira la natura. E ricorda che parli l'italiano molto bene. Ripeti mentalmente: io parlo l'italiano molto bene.

E adesso ritorna al posto dove tutto è cominciato. Muovi i piedi, le braccia, la testa. Respira normalmente e apri gli occhi. Bentornat<u>o</u>! Sei felice e pien<u>o</u> di energie!

Episodio dieci – Le domande

Rispondi in italiano:

Answer in Italian:

Dove sei oggi?

Where are you today?

Cosa c'è dietro la porta dell'estate?

What is behind the "estate" door?

Come sono gli alberi e l'erba?

What are the trees and the grass like?

Cosa fa la ragazza in costume da bagno?

What does the girl in a bathing suit do?

Cosa c'è dietro la porta dell'autunno?

What is behind the "autunno" door?

Di che colore sono le foglie? Cosa fanno?

What color are the leaves? What are they doing?

Cosa succede?

What happens?

Cosa c'è dietro la porta dell'inverno?

What is behind the "inverno" door?

Cosa fanno i bambini?

What do the children do?

Cosa indossano?

What do they wear?

Cosa fa la famiglia?

What does the family do?

Cosa c'è dietro la porta della primavera?

What is behind the "primavera" door?

Cosa vedi?

What do you see?

Che profumi senti?

What do you smell?

Come parli l'italiano?

How do you speak Italian?

Congratulazioni!

You've completed all the lessons of *Speak Italian Magically*! You should be proud of yourself! Do you know that among the many people who buy language courses and books, only 10% reach the end of them? The fact that you reached so far means that you really want to **speak Italian fluently**, so **congratulations and thank you** very much for doing it.

Now, is there anything else you could do to **enhance your Italian** even more?

You could come and **learn Italian in Tropea**, where I live, to enjoy all the natural beauties and the delicious food that my home town offers.

Can you imagine the **crystal-clear sea**, where you can swim here in Tropea? Add a bit of **sun**, a pinch of **people's warmth** and the chance to **speak Italian** with friendly locals as well as a certified teacher at your disposal. In Tropea you will be able to do many games, conversations and exercises to make your Italian automatic.

Can't you come to Tropea? **Meet your teacher online**! Here you have the pros of online learning:

*You meet the teacher at your place;

*You decide how often you want to do it;

*You will reach your goals with the right motivation;

*You decide how much you want to spend, arranging how often you want to attend (once a day, once a week, twice a month, etc.)

*You get the first lesson for FREE!

For more information and details, visit:
www.italianoinitalia.com.

Continua con il divertimento!

!

The science behind Speak Italian Magically!

Once upon a time there was Georgi Lozanov...

No other influence has been so decisive in the development of **Speak Italian Magically** as the work of Georgi Lozanov, a Bulgarian physiscian, psychiatrist and educational researcher. He has spent more than 30 years investigating and applying the phenomenon of suggestion in a wide range of learning contexts.

Suggestopedia, the approach invented by him, strive to provide means to liberate *"the pupil from fear and from the routine social suggestive norm of his limited powers... and create a system of sustained, continous inner liberation. The pupil's confidence in his own capacities for learning should grow constantly"* in order to open up to his or her untapped potential.

In his 1978 book (Suggestology and outlines of Suggestopedy) Lozanov formulated the following principles:

1. Learning is characterised by joy and the absence of tension.

2. Learning takes place on both a conscious and an unconscious level.

3. The learner's reserve potential can be tapped through suggestion.

Speak Italian Magically uses and respects all three principles. In fact you will be learning at your own pace and time, being guided into a relaxed and joyful imagery. You will be learning both at a conscious and at an unconscious level, first by listening to the audio files, then by activating yourself in reading and playing with the texts.

Last but not least, **you are a potential genius** and you already **speak Italian very well**. Right in the very first audio you will be asked to imagine yourself speaking Italian very well. All this will help you tap into your reserve potential.

Then came a bit of SALT plus visualization

During the years so many different versions of Suggestopedia were created . One of them, called Suggestive Accelerative Learning and Teaching (SALT), was created by a group of American teachers and college professors (Schuster, Benitez-Bordon, Gritton). In this version of Suggestopedia there are several exercises that can be used to calm students' mind. These include: watching one's breathing; the little white cloud exercise; walking along the beach; climbing a mountain to view a beautiful sunrise. What are these exercises? They are actually visualization exercises and in **Speak Italian Magically** you will experience ten of them. The only difference is that you will actually be guided to travel to Italy, to immerse yourself in the Italian culture.

It has been said that *"the body won't go where the mind has not gone to first"*. Visualization is very powerful because it can physiologically mimic a true sensory experience without any actual external stimuli. Athletes have used it for decades to acquire or practice complex motor skills, rehearse routines to create muscle memory, and develop a greater sense of self awareness. In this case we talk about mental training.

Consider **Speak Italian Magically** like a mental training for you to learn and speak Italian. What is the importance of mental training in learning Italian?

Vera F. Birkenbihl, famous German teacher and trainer, wrote in her "Stroh im Kopf?" ["Straw in the head?"] book that if you want to learn to do something (i.e.: speak Italian), you have to realize that DOING it means double duty for your brain. Part of the brain is busy learning to speak Italian by building the neural highway while another part of the brain actually has to coordinate your muscles in your tongue and mouth to perform the task. And that requires resources and energy.
She actually suggested to conserve energy and learning time. You should work in small modules and switch back and forth between real action and mental rehearsal. This cuts learning time.

That is why in the first pages of **Speak Italian magically** I suggested as the first step that you listen to the adventure while enjoying the experience and let your mind wander with the images and feelings from the recordings. Consider this phase as a mental rehearsal. The real action, which is speaking, comes only in step five, when you will speak in chorus with the Italian voice.

Krashen's hypotheses

Stephen D. Krashen, a psycholinguist at the University of Southern California, has offered a set of hypotheses on the acquisition of second languages that help to explain why *Speak Italian Magically* can be so effective.

The acquisition – learning hypothesis. Krashen draws a distinction between language acquisition and language learning. Acquisition is essentially a subconscious process, while learning is a conscious process. The fluency of speaking any language is, for example, a process so complex that it exceeds our capacity for conscious control. This hypothesis explains why Lozanov has been able to achieve remarkable teaching results: the objective of Lozanov's language program has been to help students develop the capacity to communicate successfully in authentic situations – rather than to pass grammar tests on the language. And what is the objective of *Speak Italian Magically*? That you speak Italian in authentic situations. That is why you will be learning how to order in a restaurant, in a bar, and to attend to several every day real life situations.

The affective filter hypothesis. By "affective filter" Krashen is referring to the affective factors which may block or facilitate acquisition. It is proved by many studies that positive attitudinal variables actually encourage the learning process. If you are relaxed and enjoy the learning environment, you will learn much faster than if you don't. Learning while being relaxed and having fun is the key point of *Speak Italian Magically*, as you are guided to relax before getting new interesting input.

If you want to know more about the other three Krashen's Hypotheses, please refer to "The natural approach", by Krashen and Terrel.

Asher's Total Physical Response

James J. Asher, the developer of the total Total Physical Response Approach (TPR) also created a relaxed environment to teach foreign languages. In this approach the teacher gives commands in the target language and the students have to do what being asked. Of course there's a phase in which the teacher shows the action while uttering the command, but very quickly the students will be able to recognize the commands.

In *Speak Italian Magically* you will be asked too to do things, imagining them vividly in order to create those neuroconnections in your brain that will help you **master the Italian language**.

Buzan's mind maps

In *Speak Italian Magically* you also have a mind map in each adventure. What are mind maps and what are they useful for?

Invented by Tony Buzan, a popular English psychologist and mind researcher, they will help you involve all your senses. When you learn new words, you can draw and write them (to engage your kinaesthetic preferences), speak them aloud (to engage your auditory preferences) while listening to some classical music or one of the *Speak Italian Magically* adventures; and then look at the mind map you created (to engage your visual preferences).

Please notice that the drawings I put in the paperback version of the book are in black and white for you to have fun and color them. Have more fun and create your own. Also remember to write a word on each branch of the mind maps, as I didn't do it on purpose.

If anything at any time seems to be too much, break it down into several micro-actions and only perform those. This will help you start your new positive habit of *Speaking Italian Magically*.

Bibliography

Asher, J. J. (2001), *Brainswitching: Learning on the Right side of the brain*, Sky Oaks Production Inc.

Asher, J. J. (2003); *Learning Another Language Through Actions*, Sky Oaks Production Inc.

Bancroft, W. J (1999), *Suggestopedia and language acquisition*, Gordon and Breach Publishers.

Birkenbihl, V. F.(2010), *Stroh im Kopf?*, MVG Verlag

Buzan T. and B. (2006), *The mind map book*, Educational Publishers LLP

Buzan T. (2006); *The speed reading book*, Educational Publishers LLP

Drydern G., Vos J. (2009), *Unlimited, the new learning revolution and the seven keys to unlock it*, The Learning web

Jullie, A. M.; Boege, H., Scheele, P. R. (2005), *Easy Learn Languages*, Learning Strategies Corporation

Krashen, S.D.; Terrel, T. D. (1983), *The natural approach*, The Alemany Press

Lynn, D. (1991); *The ACT approach*, PLS Verlag.

Mastromarco, A. (2005), *Imparare l'italiano con il metodo TPR*, Giunti Progetti Educativi

Meier D. (2000); *The accelerated Learning Handbook*, Mc Graw Hill
Schuster, D.H., Gritton, C.E. (1986); *Suggestive accelerative Learning techniques*, Gordon and Breach Science Publishers
Shone, R. (1984); *Creative Visualization*, Thorsons Publishers

!

About the author

Antonio Libertino is a widely experienced teacher who has also learned English and German. In fact, he loves languages and cultures, both Italian and foreign, and for this reason he took the Ditals (the certificate for teaching Italian to foreigners issued by the Università per stranieri di Siena), earned the Certificate of Advanced English, and went to Ferrero in Frankfurt to learn German. There he ate three kilos of Nutella (Italian creamy chocolate) in three months, but he didn't put on too much weight. At the end of 2012 he successfully concluded a one year study of NLP and Ericksonian Psychotherapy. Now he teaches Italian to foreigners—adults and youngsters from every nationality.

He can be reached at:
www.italianoinitalia.com
Email: info@italianoinitalia.com

!

Other books by Antonio Libertino

Risveglia il tuo italiano!
Awaken Your Italian!

Have you ever thought that you can learn something useful for yourself and your life while learning a new language? With Awaken Your Italian! you will: *Finally set your goal of practicing the language;* Learn how to relax at will before speaking Italian;*Relax while learning new empowering words and techniques as well as the Italian language that conveys them;*Have fun with five key lessons in mental training where the main character is YOU! Awaken Your Italian! features: *Parallel text English and Italian for most of the book!* Accelerated learning methods to help you absorb the language faster!* No memorization exercises!* 10 audio files are also included to download from the web! *Especially suitable for intermediate learners, it could also be understood by absolute beginners thanks to the English translations!

I segreti della lingua Italiana per stranieri
The secrets of the Italian language

A simple but effective method to learning the language of love, music, and culture while having fun. The Secrets of the Italian Language is a book to always keep next to other Italian books and courses. It will help you while learning the Italian language, whether you study by yourself or take a class. Here is the basic idea of this English-speaker-oriented manual: the horizontal format on two columns (with English parallel text) lets you discover the tricks for learning the language directly in Italian, as well as Tony Buzan's mind maps. An audiobook to download is included for free.

Impariamo l'italiano a Tropea...[with Giuseppe Meligrana]

Do you love Italy and dream of it every night? Would you like to visit one of the most beautiful Italian sea towns? What if you could refresh Italian at the same time too? Whether you have been to Tropea or not, this little book, written entirely in Italian, will let you feel as if you were there! You will actually get cultural information about the wonderful Tropea as well as everyday dialogues, useful sentences, and basic Italian grammar. Who said that learning Italian can't be fun? And you get an audiobook for free too!

!

Bed and breakfast la casa di Calliope vogliamo farvi sentire come a casa vostra. Lontano dalla massa, ma a due passi dalle meraviglie di Tropea e Capo Vaticano, bellezze naturali della Calabria.

At la casa di Calliope B&B we want to let you feel at home. Away from the great mass, but very near the marvel of Tropea and Capo Vaticano, beauties of nature of Calabria, Southern Italy.

Wir mochten, dass Sie sich im B & B la casa di Calliope wie zuhause fühlen. Weit entfernt vom Massentourismus und dennoch nur einen Katzensprung von Tropea und Capo Vaticano entfernt, den landschaftlichen Schmuckstücken der Region Kalabrien.

Made in the USA
San Bernardino, CA
29 May 2015